活动策划
从入门到精通

案例拆解版

胡柯柯———编著

U0299252

清华大学出版社
北京

内 容 简 介

本书从活动策划岗位开始介绍，逐步阐述如何做好活动策划，结合 32 个活动策划实战案例来具体展开说明如何写活动策划方案。每个案例分为案例概述、案例解析、案例模板、案例撰写要点 4 部分，层层深入，手把手教你做好活动策划。

本书分为 10 章。第 1 到第 3 章内容涵盖活动策划岗位介绍，活动策划流程的 7 个环节，4 张年度活动管理表格和 12 张单项活动管理表格；第 4 到第 9 章案例部分以活动目的为核心，分别为用户认知、用户获取、用户活跃、用户购买、品牌影响力，综合了 5 种目的的线下活动；第 10 章则是经验总结，总结了活动策划的 10 大要素、10 条经验、10 个创意灵感来源、10 个常见问题。

本书内容通俗易懂，案例丰富，实操性强，适合活动策划入门读者和进阶者阅读，也适合营销策划、活动策划、活动运营、用户运营、电商运营、互联网运营从业者阅读。

图书在版编目（CIP）数据

活动策划从入门到精通：案例拆解版 / 胡柯柯编著. —北京：清华大学出版社，2023.2
ISBN 978-7-302-62483-7

Ⅰ. ①活… Ⅱ. ①胡… Ⅲ. ①活动－组织管理学 Ⅳ. ①C936

中国国家版本馆CIP数据核字(2023)第017035号

责任编辑：张立红
封面设计：蔡小波
版式设计：方加青
责任校对：赵伟玉　卢　嫣
责任印制：杨　艳

出版发行：清华大学出版社
　　　　　网　　　址：http://www.tup.com.cn，http://www.wqbook.com
　　　　　地　　　址：北京清华大学学研大厦A座　　　　邮　　编：100084
　　　　　社 总 机：010-83470000　　　　　　　　　　邮　　购：010-62786544
　　　　　投稿与读者服务：010-62776969，c-service@tup.tsinghua.edu.cn
　　　　　质 量 反 馈：010-62772015，zhiliang@tup.tsinghua.edu.cn
印 装 者：三河市春园印刷有限公司
经　　销：全国新华书店
开　　本：148mm×210mm　　　　印　　张：7　　　字　　数：182千字
版　　次：2023 年 4 月第 1 版　　　印　　次：2023 年 4 月第 1 次印刷
定　　价：59.80元

产品编号：100370-01

前言

　　活动策划属于普适性岗位，就业方向较多，电商部、市场部、营销部、运营部、零售部等都需要活动策划岗位。活动策划只是形式，做活动的最终目的是和用户运营相关联的，活动为用户生命周期管理服务，活动就是让人参与的，人对于企业来说就是流量，是潜在消费者，企业把他们都归结为用户。用户对一个企业来说是核心资产，是主要的价值创造者，可见活动策划岗位的重要性。

　　活动策划的 5 大核心能力可以组合使用，也可以单独使用。组合使用会产生不同的岗位，单独使用也会有单独的岗位（就是做精做专的岗位）。不管你最后是不是在活动策划岗位上，只要是做营销工作，比如用户运营岗位、市场营销岗位、新媒体运营岗位、电商运营岗位，最终还是离不开这 5 大核心能力。

　　活动策划的创意看似天马行空，活动策划的执行看似一团乱麻，对新入行的活动策划人来说，做活动策划总是想不出来创意，执行总是错误百出，工作让人头疼。我根据自己做活动策划的经验进行了总结，让活动策划化繁为简，帮助你厘清所有可能存在的问题，再加上 32 个案例解析和模板的辅助，相信你能快速入门活动策划。

本书特色

活动案例翔实：32 个活动策划实战案例，从活动策划对用户 5 个方面的价值展开。

参考性强：案例分为概述、解析、模板、撰写要点 4 部分，帮你抽丝剥茧，深入了解一个活动，手把手教你写好一个活动策划方案。

流程化：把复杂的活动流程总结归纳为 7 个环节，8 个执行要素，3 个复盘要素，让任何复杂的活动都能被轻松拆解。

工具化：4 张表格让你有效做好年度活动规划，12 张表格让你无惧任何复杂的活动执行，表格可参考性强，拿来就能用。

经验化：10 年工作经验总结为 10 大要素、10 条经验、10 个创意灵感来源、10 个常见问题。

主要内容

第 1 章是概述，旨在让读者初步了解活动策划岗位，介绍了活动策划岗位的普适性、活动策划的 5 大核心能力、岗位能力的可迁移性、团队如何配置、活动目的，以及活动目标如何制定、活动策划的形式有哪些。

第 2 章具体介绍了活动策划流程的 7 个环节，具体包含项目背景调研、方案汇报、活动立项、预算审批、活动招商，还介绍了活动执行 8 要素与活动复盘 3 要素。

第 3 章介绍了如何用表格让活动策划更加轻松。4 张表格管理年度活动规划，12 张表格管理执行单项活动。

第 4 章到第 9 章是活动策划实战案例部分，共计 6 章、32 个案例。做活动，本质是用活动影响人，从运营的角度来说，就是让活动策划对用户运营产生价值。实战案例部分从活动策划对用户全生命周期管理的价值展开，分别为活动策划对用户认知、用户获取、用户活跃、用户购买、品牌影响力的作用，第 9 章的线下活动策划是对用户产生以上 5 大作用的活动。

第 10 章是经验总结。总结了活动策划的 10 大要素、10 条经验、10 个创意灵感来源、10 个常见问题，有助于新手快速入门活动策划，避免掉入陷阱。

作者介绍

胡柯柯，丹麦国际营销学专业，活动策划人，从业 10 年，策划并执行活动超过 200 场。涉猎活动形式丰富，涵盖商场线下活动，微博、微信等社交媒体活动，电商活动，App 互联网活动等。已出版《活动策划实战案例大全》一书。

本书读者对象

- 市场部营销策划、活动策划从业者
- 电商运营、活动运营、用户运营从业者
- 营销活动电商领域学生（实习生）
- 想要自己做活动策划的私营业主（老板）
- 需要活动策划入门工具书的人士
- 其他对活动策划与用户运营有兴趣的各类人士

第 1 章
初识活动策划

活动策划岗位的普适性 ·························· 2

活动策划的 5 大核心能力 ······················ 3

活动策划岗位能力的可迁移性 ················ 5

活动策划团队如何配置？ ······················ 7

活动的目的（AIPL 和 AARRR 模型）········· 10

活动的目标·· 11

有哪些活动形式？ ································· 14

第 2 章
活动闭环全流程

背景调研：数据分析，确立方向 ················· 18

方案汇报：可行性和回报率 ·· 19

活动立项：责任到人 ·· 21

预算审批：逻辑性和规范性 ·· 22

活动招商：卖给谁是关键 ·· 23

活动执行 8 要素 ·· 25

活动复盘 3 要素 ·· 35

第 3 章
如何用表格管理执行活动

4 张表格轻松搞定年度活动管理 ·· 40

12 张表格轻松执行一个活动 ·· 46

活动文件管理 ··· 63

第 4 章
社交媒体与用户认知

刘润找老纪：成交 5000 万元豪车 ····································· 66

顺势而为：老干妈上架 1000 瓶辣椒酱回应腾讯 ·················· 69

转危为机：喜茶"错付"友商粉丝 ····································· 72

公益环保：星巴克自带水杯免费喝咖啡 ······························ 76

万千宠爱：寻找中国锦鲤 ·· 80

第 5 章
用户获取

拼多多：100 元现金免费拿裂变拉新 …………………… 86

瑞幸咖啡：邀请好友喝一杯咖啡拉新 …………………… 91

以小博大：一分钱抽万元礼包 …………………………… 96

一战成名：微信春晚"摇一摇"抢红包 ………………… 99

务实地推：信用卡开卡好礼 ……………………………… 103

第 6 章
用户活跃

UGC：大众点评"霸王餐"促活 ………………………… 108

小步迭代：支付宝"集五福"促活 ……………………… 112

惯性思维：签到领积分 …………………………………… 117

精准触达：超级会员日 …………………………………… 120

提前锁定：1 分钱预约好礼 ……………………………… 124

第 7 章
用户购买

整点购：借冲动消费促成成交 …………………………… 130

套娃循环：满减促销凑单 ………………………………… 133

拼手速：秒杀蓄流量……………………………………………136

善用新鲜感：新品试用…………………………………………139

互动升级：直播间上演宫斗戏码………………………………142

颠覆认知：曼卡龙 69 元钻戒活动……………………………146

第 8 章

品牌影响力

天猫超级品牌日：为品牌而生的 IP 活动………………………152

拼多多百亿补贴：针对高端用户的翻身仗……………………157

小米的米粉节：发烧友的狂欢日………………………………161

肯德基"疯狂星期四"：疯四文学体…………………………165

五菱宏光 MINIEV 改造大赛：形象逆袭之路…………………169

楼体灯光秀：点亮城市地标……………………………………174

第 9 章

商场线下活动

日拱一卒：商场套娃娃活动……………………………………178

儿童为王：小小主持人大赛……………………………………181

品牌加持：特斯拉集市展………………………………………184

赚人气：新书签售会……………………………………………187

粉丝的力量：明星线下见面会…………………………………191

第 10 章
活动策划经验总结

活动策划 10 大要素 ·································· 196

活动策划 10 条经验 ··································· 197

活动策划 10 个创意灵感来源 ······················· 202

活动策划 10 个常见问题 ···························· 206

第1章

初识活动策划

　　活动策划是运营、营销、电商、公关、市场等部门的重要工作岗位。每个公司都在招活动策划人，各个部门都需要活动策划人才。线下门店业绩不好，需要做个活动来提提人气，提高业绩；App 线上用户不够，需要一个活动来拉新；电商用户不消费，不活跃，需要活动来刺激用户消费；新产品上市，市场部需要一个活动来提升新品的知名度。活动无处不在，策划好像是无所不能的。本章就先来系统介绍一下活动策划这个岗位。

ACTIVITY

活动策划岗位的普适性

活动策划岗位具有普适性，也就是说，线上与线下，不同行业、不同公司、同一个公司的不同部门，都需要活动策划岗位的人才。一般活动策划岗位都会设在哪些部门，这个岗位对公司的价值是什么呢？以下举例说明 5 个常见部门内活动策划岗位的工作内容和价值。

营销部（市场部）

新品上市，从新品发布会，到线上、线下产品的推广，除了通过媒介资源大面积投放广告，也离不开借助各种大大小小的活动触达用户，大如新品发布会，是大型活动策划项目，小如线上新品试用，是小型活动策划项目。对于营销部来说，活动既可以让用户更好地了解新品，也使活动本身更具有传播性，更容易吸引用户参与，促进用户和新品互动，这些都是活动策划带来的价值和意义。

公关部

公司对外发布重要的战略合作等大大小小的公关事件本质上就是一场场线上或线下的活动，都离不开场地布置、人员邀请、活动环节设置等。

电商部

电商领域可谓是三天一小节，一月一大节，大型节日如"618""双11"、年货节，其他节日如"3·8"女王节、圣诞节、洗护节、家电节。这些节日是电商促销、激发消费者购物欲望的关键时间节点，策划这些活动的工作内容都可以归于活动策划岗位。

用户运营部

随着互联网流量红利见顶，越来越多的互联网公司注重对用户的经营，大部分公司都会设立用户运营部，核心 KPI 是用户的拉新、促活、购买、复购。名义上是用户运营，实际上刺激用户行为等都需要通过活动来实现。比如用户拉新，需要策划一些针对新用户的活动，如发券、抽奖，甚至是一些线下的大型活动，让新用户体验公司的产品。如果是针对购买行为，则更需要配合一定的活动，如常见的满减、满赠等，激发用户的消费欲望，以达成销售成交。在用户运营领域，活动策划可谓是触达、激活用户的关键且有效的手段。

线下零售部

在生活中经常见到的商场圣诞活动、新年活动、大型路演、小型新品品鉴会等大大小小的活动都是线下零售部为自己门店聚集流量的关键手段，而这背后则是活动策划岗位的工作成果。

活动策划的 5 大核心能力

大部分部门都会设立活动策划岗位，而且活动策划岗位在部门内都是相对重要的核心岗位，因此，一个合格的活动策划人应该具备以下 5 项核心能力。

活动策划能力

毋庸置疑，活动策划能力是最重要，也是最核心的能力，活动策划人要把方案写明白，让主管、执行者、配合部门、客户都能通过方案理解这个活动要干什么，怎么干，背后的逻辑是什么，活动价值是什么。

内容输出能力

活动策划离不开写文案，简单的需要写写活动规则、推送的短信、页面文案主题、资源位横幅广告（banner 图）文案；复杂的则需要写软文稿、宣传稿、新闻稿等，还有的要写宣传推广的文案、视频的脚本，归纳起来就是内容输出能力。大公司会有专门的人员辅助活动策划人做这些工作，但是简单的文案也需要活动策划人自己写；小公司则要求活动策划人是多面手，既能策划、执行活动，又能输出活动宣发的内容。

资源协调能力

一个活动的好坏，方案的策划与执行只占一半，另一半则是传播与宣传，这就意味着一个活动策划人需要具备资源协调能力，能够做到向内争取资源，做好各种资源位的排期、管理、素材准备等；向上争取预算，能够对外做媒介采买和投放；对外进行洽谈，能够让相关利益方提供更多的资源来支持这场活动。这样才能花最少的钱做最有效果的活动。只有匹配一定的传播资源，活动才能被扩散，才能吸引更多用户参与，效果才能最大化。

项目管理能力

一个活动的创意再好，没有好的执行，活动必然会有很多缺陷，甚至一个漏洞都会给公司造成重大损失。互联网领域常见的问题有优惠券数量配置错误，导致公司损失数百万元。活动策划的落地工作处处是细节，工作琐碎而细致。这时候就需要活动策划人具备项目管理能力，能够用表格管理项目进度（第三章会专门讲述如何用表格管理活动执行），及时发现可能阻碍项目流程的环节，跟进项目细节，做好每日工作清单管理，这样才能保证项目正常运转，把错误扼杀在摇篮中。

数据分析能力

另一项重要的能力是数据分析能力，如活动页面点击率、活动参与人数、活动转化效率、活动贡献 GMV（商品交易总额）、活动预算和实际支出分析、活动 ROI（投资回报率）分析，这些都需要活动策划人在活动结束后进行有效复盘，这些复盘能指导下一次活动如何优化、调整。不然就是活动天天做，却效果不显著，浪费资源，个人始终没有成长。

🌑 活动策划岗位能力的可迁移性

活动策划岗位存在于多个部门，再加上这个岗位要求员工能力具有多样性以及一些小公司要求员工一专多能，现在大部分活动策划人都是具备多面能力的人才，但是这些人往往会质疑自己的能力与岗位，尤其是在跳槽时，觉得自己什么都会，又好像什么都不会。活动策划岗位不像设计岗位、IT 岗位那样专业性强，往往是活动策划人同时会运营，会经营用户，会分析数据，会写文案，会写方案，会做 PPT，那么这些能力应该如何运用呢？如果想要转岗，可以做哪些岗位呢？

岗位界限模糊，学会技能拆分

目前在公司里，除了专业性特别强的岗位，大部分岗位上的员工都是一专多能型人才，或者说很多岗位的能力界限是很模糊的。比如活动策划岗位、电商运营岗位、用户运营岗位、新媒体编辑岗位、文案策划岗位，这些岗位都是很接近的，仔细研究就会发现，大家做的工作也差不多，都是做活动方案，做页面，做活动，做配置，做抽奖，做数据分析……如果想要跳槽或转岗，类似的岗位基本上是可以灵活选择的。比如用户运营岗和活动策划岗在对候选人的技能要求上，10 项里有 8 项是通用的，另外两项技能在到岗后，花 1 ～ 2 个月也就学会了。最重要的是要学会对自己的技能进行拆分，不要笼统地将其归纳为活动策划，看看自己实际掌握了哪些技能，然后再去看岗位对技能的需求，看看自己有哪些是具备的，哪些是欠缺的。大部分岗位都不需要你从 0 开始，完全可以迁移原来的技能。

有一两项安身立命的核心能力

因为岗位性质的关系，大部分活动策划人都是在"打杂"，每天为了应付各种活动、数据、发奖疲于奔命。如果一个活动策划人想要成长，最关键的是要掌握一两项安身立命的技能。假如你发现自己拥有 10 多项技能，虽然不是每项技能都很优秀，但是你要做到在小团队中某一项技能数你最强。比如做 PPT，你是做得最好的，比如写文案，你总能妙笔生花，或者你做的图片点击率特别高，你的创意特别好，你的思维逻辑特别强，这样你才有机会脱颖而出，而不是一直"打杂"。这种能力需要通过刻意训练习得，在工作时要有意识地培养一两项核心技能。

不管是考虑公司对活动策划岗位的需求程度，以及这个岗位对用户的价值，还是考虑岗位需要一个人具备的多项综合能力，抑或是这个岗位能力的可迁移性，对于大部分没有专业技术但想要进入互联网公司或电商、市场营销等部门的职场新人来说，活动策划岗位都是一个不错的入门岗位。这个岗位具备足够大的市场空间和容量，对人才能力的诉求比较综合化，以后转岗或跳槽的选择也很多。

活动策划团队如何配置？

不同规模的公司的组织架构是不一样的，所以本小节描述的团队可以理解为活动策划的角色团队。在小公司，它可以是真实的团队，在大公司，它可能是虚拟存在的各种分工不同的角色。组织架构可以不同，但功能角色是大同小异的。一个活动策划团队应该至少包含以下5个角色。

活动策划主管

活动策划主管上传下达，准确理解公司的战略目标，承接公司整体目标中的活动部分职责。

（1）合理分工和激励团队成员。

（2）规划年度活动、预算。

（3）跟进年度活动目标，监督活动效果。

（4）活动方案、预算、资源的审核和决策。

（5）复盘整体活动，根据活动经验及时调整活动策略。

活动策划专员

活动策划专员要对单个项目的活动策划方案负责，通过调动内部和外部资源，使活动效果最大化，是整个活动项目的领导者。

（1）写活动策划方案，做预算，排资源。

（2）协调内部设计、媒介传播、自媒体运营、礼品管理等工作，确保活动项目顺利落地。

（3）执行活动方案（有部分公司是由乙方团队落地方案，那么活动策划专员就要对接外部资源，监督和审核乙方团队的落地工作）。

（4）总结和复盘活动项目。

设计师

设计师要完成整个活动策划中所需的设计工作，比如活动主视觉海报（Key Vision，KV）、传播图、媒介资源位图、物料图等。设计师的工作说简单也不简单。简单的地方在于，这是一个接指令然后干活的工作，别人需要什么图，就做什么图。不简单的地方在于，设计师要能够理解策划人的想法，能够用视觉准确传达策划人的意图。

有些设计师不仅能够准确理解活动策划人的意图，往往还能超预期表达，让活动策划人惊叹（"我怎么没想到呢？不愧是设计师！"），这种设计师往往都是活动策划人指名道姓要他做设计的；而有些设计师不仅不能很好地进行设计表达，有时甚至连活动策划人的简单意图都无法理解，这就会让设计师和活动策划人都很崩溃，反复修改设计，怎么都达不到满意的程度。

反过来亦然，有些活动策划人能够很好地传达设计需求，有些活动策划人则总是表达不清楚自己的设计需求，也让设计师很痛苦。设计和活动策划是两个"相爱相杀"的岗位。

媒介传播专员

媒介传播专员锁定内部媒介资源，以合理价位采买外部媒介资源，扩散活动，让活动触达目标人群，最终使得活动效果最大化。

（1）对内做好内部媒介资源位的盘点和预定，以及匹配相关传播礼品资源。

（2）对外做好外部媒介资源采买，或者媒介投放供应商对接工作。

（3）准备媒介资源传播所需素材（如传播稿、图文传播素材、传播视频等）。

（4）部分小公司需要这类工作人员运营公司自媒体账号（如微博、微信、小红书、抖音、快手、B站等平台的账号），大公司会有一个大团队专门运营自媒体矩阵。

预算与礼品管理专员

预算与礼品管理是一个琐碎又需要细心的工作岗位，预算与礼品管理专员看似财政大权在握，实际上更多的是一个帮助老板管钱和管礼品的角色。

（1）年度预算、季度预算、月度预算、活动预算方案的执行和监督。

（2）付款申请、打款申请、经费使用台账明细的管理。

（3）礼品的采购、入库、出库、发货、库存管理等系列问题的处理。

以上5个角色是比较基础的活动策划团队的配置，大部分职能模块在大公司是有专门团队为整个公司服务的，比如设计师往往自成一个团队，活动团队传递需求给设计师团队的客户主管（Account Executive，AE），再由客户主管进行工作分配，然后交付；

自媒体运营也会自成一个团队，负责整体公司账号矩阵的运营；这时候活动团队的角色更像是一个项目负责人（Project Manger，PM），把公司内部各职能模块的能力调动起来，以最终达成自己的项目目标。大公司资源多，平台好，但是因为这些职能模块分散在不同的团队，调动起来往往就需要大量的时间成本和沟通成本。

在小公司，分工则不会那么细致，以上大部分职能模块都会分在一个团队中，供活动策划主管调配。这种组织架构的优势是，活动策划主管拥有绝对的话语权，能够快速灵活地调动内部资源，快速响应部分热点活动的需求。活动策划主管对整个团队也更有话语权，更具有掌控力。当然，凡事都是具有两面性的。小公司的问题是，大部分人都是一人身兼多职，在一个领域不够专业，也不够深入，而且人手有限，预算有限，部分工作会受到限制。

活动的目的（AIPL 和 AARRR 模型）

为什么要做活动？为了获得品牌影响力，提升品牌知名度，提升曝光度，获得新用户，提升销售额……不管是哪一种目的，最终都离不开对用户行为的驱动。与其说是做活动，不如说是对用户生命周期进行活动刺激，以达成用户生命周期管理的目标。

AIPL 和 AARRR 模型是两种用户生命周期管理的营销模式，几乎可以涵盖所有的活动目的。

AIPL 模型是一种来源于美国的营销模型，AIPL 分别是认知（Awareness）、兴趣（Interest）、购买（Purchase）和忠诚（Loyalty），就是用户看到你（曝光、点击、浏览），倾向你（关注、互动、搜索、收藏、加购），购买你（支付下单），忠于你（正向评论、重复购买）。

AARRR 模型由 2007 年硅谷著名风险投资人戴夫·麦克卢尔提出。AARRR 分别是获取（Acquisition）、激活（Activation）、留存（Retention）、收益（Revenue）、推荐传播（Referral），分别对应用户生命周期中的 5 个重要环节。

AIPL 模型和 AARRR 模型在用户生命周期管理的过程中有重合部分（如购买和获得收益本质是一样的，忠诚和推荐传播也有交叉部分），也有自己独特的部分，把这两个模型结合起来能很好地概括用户生命周期，也很适合对活动目的进行总结性概括。本书案例部分选取了认知、获取、激活、购买、推荐传播来概括活动案例目的。不过有些案例的活动目的其实是好几个生命周期交织在一起的，只是做活动时有所侧重，尤其是线下活动就更加难区分了。

活动的目的是宏观的，比如要让用户对品牌有认知，就是提高品牌影响力和曝光度；要让用户对品牌感兴趣，就是促进用户的浏览、关注、收藏、加购、注册等行为；让用户购买，就是让用户掏钱埋单；让用户对品牌忠诚，就是要用户继续反复购买，并推荐别人购买。活动策划无非就是要达成这些目的。

活动的目标

活动的目的是宏观的，目标就是微观的，要用数据说话。为什么做活动，活动做了有什么效果，这是大部分人迷茫和困惑的地方。给每个活动定目标很重要，每个活动都要以始为终。那么，如何制定活动的目标呢？

活动目标的4个维度

1. 曝光维度

有很多活动是为了让品牌获得更多的曝光，让更多人知道这个品牌。那么，这时候最核心的 KPI 就是有效曝光人数，大部分活动要围绕这个目标展开。也就是说，这个活动被多少人知道，被多少人看到，有多少人参与，这些是很重要的。若要实现目标，就要有爆款产品与足够多的媒介资源，连续地去推广活动。

2. 用户维度

针对用户的活动无非有 5 个指标：拉新、促活、购买、推荐、复购。有些活动是为了用户拉新，瑞幸咖啡的"邀请好友喝咖啡，自己免费得一杯"活动推荐新用户下单，新用户免费喝一杯，其朋友也得一杯，它的新用户获取成本就是 2 杯咖啡的成本；有些活动是为了促进用户活跃，如会员专享购活动用稀缺产品促进会员活跃，让会员得到尊享体验。

3. 销售维度

销售维度的目标看的是 GMV 贡献率、GMV 渗透率等指标。这个很容易理解，比如天猫每年的"双 11"活动，GMV 是其核心指标，也是所有人关注的指标，它的活动策划的最终目的都是引导成交，如满减、搭赠都是为了促进用户尽可能多地进行冲动消费。

4. 创意维度

还有部分活动对品牌曝光、用户拉新、产品销售的贡献都是极其有限的，但是很多品牌依然会去投入策划。这种活动一般都是为了展示创意，向用户展现品牌的调性，就好像每个品牌都会出极少量的高端产品，销售量很少，利润有限，但是一般会有一两款这样的产品来撑场面。在活动策划中也有类似的活动，那就是从创意出发而做的活动。

目标设置要合理

目标的设置要合理。如果年度目标过高，对于活动策划人来说就形同虚设，会让他们失去信心和动力；如果年度目标过低，就能轻轻松松达成，做不做活动都能达成，有时候目标达成并不是因为做了活动，而是由于指标的自然增长，这样也不利于激励员工。

一个合理的目标应该有以下 4 个参考维度。

（1）看过去：也就是看目标和实际达成情况，如果数据维度足够全，建议看 3 年中每年的增长情况，再结合现状，结果往往能够预估出一个合理的数字。

（2）看竞争：看对标对手的情况怎么样，这是最直接的，他们能做成，你为什么不能做成？既然你把他们当对手，肯定是要在方方面面去对标他们的。比如，他们一年粉丝增长数是 1000 万，原则上来说，1000 万的目标对你们来说是合理的，甚至是必须的。

（3）看自己：销售的目标是多少，流量的目标是多少，需要多少用户，再用活动去匹配目标，这也是可以推算的数据。

（4）看预算：有些活动目标的达成是需要预算投入的，巧妇难为无米之炊，在制定目标时，要合理考虑预算和投入产出比。

从历史情况、对手情况、公司内部定的目标、预算投入情况 4 个参考维度进行衡量后，再制定出一个活动年度目标，相对来说是比较客观和合理的。

目标设置要循序渐进

人不能一口气吃成胖子，年度目标的达成也不可能一蹴而就。年度目标不分解，就会变得头尾紧、中间松，每年开年大家都很散漫，觉得反正离年底还远得很，一到年尾，则拼命赶进度，就好像学生时代写暑假作业一样，这样对于目标的达成是非常不利的。

以下 3 步有助于拆解目标。

（1）目标要按照时间维度来拆分，制定季度目标、月度目标、周度目标、日目标，定期审视目标进度，如果目标进度不如预期，就要及时寻找原因，进行调整。

（2）目标要按照具体的人来划分，每个人要有明确的 KPI，而不是大家一起背指标，"有福同享，有难同当"，全部门都会浑水摸鱼，最后谁都不担责。

（3）目标要拆分到具体的活动，不同的活动有不同的目标，不同的活动有不同的活动负责人，活动负责人要对最终目标负责。

有哪些活动形式？

每天都有那么多活动上线，看起来让人眼花缭乱，其实归纳之后就发现，活动都是大同小异的。活动形式总结起来无非是以下几大类，再细分出小类。

活动形式分类

（1）线下大型活动：体育赛事（如马拉松）、演唱会、品牌展、新品发布会等。

（2）线下商场小活动：选拔大赛、角色扮演、集市展、热点综艺节目模仿活动、节假日活动等。

（3）电商平台：满减、满赠、整点购、打折、抽奖、秒杀、新品试用、1元预约等。

（4）社交平台：分享助力（如拼多多）、答题、盖楼、测试（如网易云音乐）、通关小游戏（如合成大西瓜）、晒照片、UGC（User Generated Content，用户原创内容）创作、话题讨论、转发抽奖、摇一摇抽奖、打卡签到等。

（5）所有平台：抽奖、投票、竞猜、砸金蛋等。

线上活动相较线下活动的优势

虽然活动形式各有优劣，各有侧重，不同的平台、不同的目的应该采用不同的活动形式，但是如果没有平台性质的限制（如线下综合体商场），那么更建议策划线上活动。线上活动相较于线下活动有以下优势。

1. 活动执行相对简单

一个再简单的线下活动，都涉及场地、物料、活动执行人员、活动参与人员、活动形式等方面，正是这些烦琐的小事让线下活动执行起来异常麻烦。线上活动则不一样，如微博的转发抽奖这样简单的活动，只需要一个小时的工作量，先编写一条微博做转发抽奖，再开奖、发奖，一个简单的线上活动就闭环了。

2. 好的创意传播更快

线下活动受到场地限制，覆盖人群有限，这就意味着创意传播慢，需要在网络上进行预热和二次传播。线上活动则不一样，只要自带创意和爆点，一旦被引爆，覆盖的群体是非常广泛的。

3.小资源、大产出的活动更容易实现

线下活动的执行比较复杂，意味着投入预算高，一场简单的活动就要耗费大量的人力和物力，而且活动容量有限，这些都限制了线下活动的效果，也就是说线下活动很难出爆款，基本上投入和产出是对等的。线上活动则更容易以小资源撬动大产出，尤其是借助热点的活动，用户会自发把活动送上热点，这类活动基本上都是小投入、大产出。

第 2 章

活动闭环全流程

　　一千个活动，有一千个方案，有一千种执行，看起来每个活动流程复杂，执行工作琐碎，但我们如果善于总结，对活动流程进行归纳，就会发现大部分活动的流程都包含 7 个环节，本章就具体介绍以下 7 个环节：活动项目背景调研、方案汇报、活动立项、预算审批、活动招商、活动执行、活动复盘。

🎯 背景调研：数据分析，确立方向

背景调研是经常被忽略的流程，往往也是许多活动中最重要的一环。为什么要做这个活动？这个活动怎么做？用户画像是什么？用户有什么喜好？什么活动能够打动他们？竞品在做哪些活动？很多活动策划人对这些问题都是一脸茫然的，他们一上来就开始写方案，做策划，干得热火朝天，却越干越觉得自己偏离了方向，干完后发现结果和预期相去甚远。

背景调研如何做呢？有 5 看：看趋势，看行业，看平台，看竞品，看自己。

（1）看趋势：具体来讲就是整体的大环境如何，现在流行哪些做活动的手段（如有段时间特别流行 H5 活动），传播渠道有哪些变化（如从传统纸媒转向自媒体就是一种传播趋势的变化）。

（2）看行业：自己公司所在的行业如何，更适合做哪些活动，比如房地产、3C、快消品、金融、互联网等，不同行业的活动，玩法都是不一样的。

（3）看平台：要在哪些平台做活动，平台目前对哪些活动有流量扶持政策，平台都有哪些规则。

（4）看竞品：主要竞品在做哪些活动，哪些效果不错并值得模仿，竞品的数据怎么样。

（5）看自己：总结自己的历史活动数据，总结历史经验，分析用户画像。

大部分背景调研需要的是平时的功夫，就是要善于收集数据，归纳总结。比如有些专门做数据分析的机构会发布有关行业的一些数据，这时候就需要进行收集整理，等有需要时就可以直接调用。

并不是每个活动都需要进行背景调研，后续章节中有很多案例是追求速度的，也有一些案例的执行比较简单，这类活动更强调执行落地，就不需要有背景调研这一环节。还有一类是考验策划人的洞察能力的，一个活动好不好的核心在于是否真正抓住了用户的痛点，这类活动需要进行背景调研，可以说这个环节是起决定性作用的，类似于指路灯，是指导策划人做出重要决策的关键依据。

方案汇报：可行性和回报率

一个成功的活动背后，必然有1000个被否决掉的活动方案和100个不温不火的活动作陪衬。不管是甲方还是乙方的活动策划人，电脑里肯定存着无数的活动方案。那么，如何让你的活动方案在众多方案中被选中？

活动方案的汇报是决定性因素，千万不要认为酒香不怕巷子深，只要方案好，领导一定能看到。领导往往很忙，每次过方案，留给你的时间只有10～15分钟，领导的可选项太多了，错过了你这个好方案，还会有源源不断的好方案涌现，完全不影响公司运转。对你来说，错失了一个好项目的落地机会，往往需要等上好长一段时间，才有机会展示自己的才华。如何在有限的时间内把自己方案的优缺点讲清楚，往往是决定你这个方案继续留在电脑里还是落地执行的关键，也是一个好项目成功的关键一步。

各个公司的汇报形式千千万，各个领导对汇报方式的喜好也各不相同，但是就一个活动方案而言，不管以何种形式汇报，都要抓住两点：项目的回报率和可行性。

回报率是在任何项目上做决策的关键因素。凡是活动，必然涉及预算（礼品）、人力的投入，对公司来说任何活动都有机会成本，选择了做 A 活动，必然要放弃 B 活动。如何把有限的资源投入活动中，并带来最高的收益，是领导考虑的核心要点。在讲完方案后，一定要给领导展示你这个方案的回报率。回报率不仅是赚多少钱（少花多少钱），还包含你如何利用有限的资源和时间完成公司的关键性指标。比如你策划的是用户拉新的活动方案，当公司的核心指标是用户规模时，你就要强调你的方案如何能快速有效地获取用户（相对来说，领导可能并不关心预算，这时候往往预算比较充足，公司更希望尽可能快地抢占市场，超越竞争对手）；当公司的核心指标是用有限的预算获取多大规模的用户时，你应该强调方案的用户获取成本相较其他手段降低了多少（这时候往往预算有限，领导就要开始考虑钱了）。

除了回报率之外，领导关注的另一点是可行性，不要把可行性等同于落地执行，领导并不关心落地细节。可行性是指活动方案是否与公司的能力和关键指标匹配。比如，大家都知道 KOL（关键意见领袖，Key Opinion Leader）直播带货是目前有效的出货方式，但是和头部 KOL 合作，不仅要付出巨额坑位费，而且产品的供货价格被压得很低（甚至有些公司给头部 KOL 的价格是卖一份亏一份的价格）。对于大公司来说，可以选择通过战略性亏损快速抢占市场份额，这就是一个好的方案；对于小公司来说，这往往是不能承受之重，领导都知道头部 KOL 出货快，可是成本也高。这时明明是同一个方案，对不同的公司来说，可行性是不同的。你在阐述方案时，要让领导知道，你这个方案是为这个公司量身

定制的，不管是财力、人力还是关键指标的达成，你这个方案都具有可行性。

最后分享一个汇报技巧，给自己的活动准备一个陪跑方案，即方案 B。这不是领导关注的重点，但是当领导做决策时，陪跑方案往往能起到事半功倍的效果。你知道自己的方案 A 非常好，也有信心能把活动做得很出色，但是领导喜欢做选择题，或者说他们的思维是：这个方案虽然已经很好了，但是还有没有更好的选项呢？这时候，如果只有 A 选项，领导往往会迟疑，很有可能会推迟决策。但是，如果你这时候准备了方案 B，告诉他们你也考虑了方案 B，可以给大家展示一下，只不过根据你（或者你们团队）的评估，方案 A 与方案 B 相比具有明显的优势，这时候你就是在告诉领导，更好的选项你们都尝试过了，方案 A 是你们在无数个方案中选出来的最好选项，这时候领导做决策也就变得更加容易了。不过，再次强调，这是汇报技巧，而不是决胜的关键。

活动立项：责任到人

活动方案汇报通过后，意味着这个项目可以正式启动了，也就是我们常说的项目立项。有些公司有专门的立项流程，有些公司则是口头上进行一下任务分工就算是立项了。有没有立项的流程仪式不是最重要的，立项的关键在于告诉公司相关部门的人，领导同意这个项目了，项目要启动了，由某部门的某人主负责推动，需要公司的财务、设计、采购、媒介传播等部门协同配合。

常规的立项形式是由项目负责人召集相关部门责任人开一个项目启动会，告诉大家这个项目涉及的相关部门责任人，会后通过会议纪要以邮件的形式发送给与会人，并抄送给与会人的部门领导，会后做到有据可循，一次追责，会议才有价值。在项目启动会上，项目负责人会简单介绍方案，以及相关部门涉及的工作内容、具体的工作截止时间、预期的工作成果等。比如告诉设计部门，此次活动涉及的海报大概有若干张，需要某位设计师协同；告诉采购部门，活动涉及若干物料采购，希望采购部门提前提供几家供应商的比价和打样等。让相关部门做好准备工作，预留人力，而不是等到活动落地时再让相关部门直接做工作，否则到时候对方有自己的工作安排，或者预留的时间（人力）不足，活动效果就会大打折扣。提前通知的好处是让对方有充足的准备时间。

🔵 预算审批：逻辑性和规范性

任何公司对于钱的使用和审批都是非常严格的，一般审批流程都是又长又烦琐，不仅涉及业务部门本身，还会涉及财务部门。越是大额预算，审批的领导级别越高，审批速度就越慢。所有活动执行的前提是要有预算，一旦项目立项，就要尽快开始活动预算的汇报和审批。

汇报方案阶段往往都是根据经验预估预算金额，比如是十万元量级的投入还是百万元量级的投入。汇报方案阶段做的预算只是为了让项目看起来具有可执行性，真正落地项目时，预算则要有逻辑性和规范性。

逻辑性就是要说明白以下3个问题，不要让人觉得你做的预算是自己拍脑袋瞎编的。

问题一：为什么总预算是这么多？可以根据历史活动花费给

出一个对总预算的解释，也可以根据单次成本 × 总量计算总预算，或者参考竞品的投入。

问题二：预算如何花？这就需要把活动方案精细化，然后计算出每个活动环节的支出明细。比如物料要花费多少钱（物料的量是多少，单价是多少钱），礼品预算是多少钱（发什么样的礼品，发多少礼品），传播要花费多少钱（什么量级的媒介，投放多少预算），程序开发要花费多少钱（工作量是多少）。

问题三：这笔投入是否值得？计算活动的投资回报率。

涉及钱的问题在任何公司都是敏感而又复杂的，预算审批流程的规范性是一种自我保护，也是一种对他人的保护。预算审批不规范会有哪些潜在的风险？财务部门会不认可你审批的预算，因为审批流程不规范会导致他们受到公司制度的惩罚，导致你无法支付钱款，供应商延期交付，项目进度拖后。稽查部门会认为你有贪腐的风险。为什么有些领导没有审批，你就付了这笔钱？这笔预算领导到底审批了没有？你是不是自作主张要花这笔钱？在预算汇报和审批上，一定要多一个心眼，按照公司的规范要求一步步执行，千万不要为了图省事而省略应有的流程。

活动招商：卖给谁是关键

办得好的活动不仅不用花钱，还能为公司赚钱。有些活动的主要目的是把公司的流量资源变现，这时候招商成了整个活动的关键。招商有以下 3 个关键步骤。

第一步：卖什么？

盘点公司资源位并明码标价。招商的核心是甲方公司通过和自己公司合作，借助公司的流量资源完成自己的指标。招商需要做的前期准备工作是对自己公司的资源进行盘点，看哪些资源是可以进行售卖的，然后再对这些资源进行标价。比如 KOL 直播，一般标价的逻辑是坑位费＋销售额提成；线下活动的资源一般是活动冠名、物料赞助商露出、主持人口播等，还有线上媒介二次传播；线上活动的资源一般是冠名、软文植入、主图位置露出、App（短信）推送、活动物料露出等。这一步的核心在于怎么卖自己的资源，怎么样为客户带来价值。可以分开卖，也可以打包卖，可以按照活动效果卖，也可以按一口价卖。要把活动资源做成商品，供买方挑选。

第二步：卖给谁？

和意向合作客户沟通。当知道自己有什么可以卖的时候，就要思考这些资源卖给谁才能卖出高价，才能让客户感觉物超所值，这样才会有回头客。如果忽悠客户，那只能做一锤子买卖。如果把好的东西给了错的人，那么就是暴殄天物。比如，用户是高端的社会精英，却让卖中端产品的公司在活动中投入，那么活动做得费力，客户也不满意；如果让卖车、卖表或卖房子的公司投入活动，则很有可能给对方带来大的收益，这就是双赢。

第三步：广撒网，区别对待，重点客户重点攻克

当确认了客户群体，就可以开始广撒网，联系客户，可以通过发邮件、打电话、微信联系或当面拜访的方式把要卖的资源广

而告之，和对方公司沟通合作意向。对于那些特别匹配的客户，要重点攻克，区别对待，为重点客户做一个针对他们公司的招商方案，攻克这些客户的概率会大大提高。这就像找工作，要对普通公司广撒网，对自己心仪的公司重点研究并有针对性地写简历。

第四步：与合作客户确认并锁定资源

到这一步时，你手上肯定有几个有意向的合作客户了，有些客户已经确定了合作意向，有些客户还在犹豫不决。资源也不是无限的，给了 A 客户，就不能给 B 客户，这时候就要对手上的客户做到心中有数，知道哪些客户会选择哪一档的资源合作。在适当的时候，可以给客户施加一定的压力，让他们尽快确认合作资源，通过签合同或者预付款的方式来锁定资源。

活动执行 8 要素

宁可要三流的创意、一流的执行，也不要一流的创意、三流的执行。可见执行在整个项目环节中有多么重要。很多活动方案的创意很好，但是活动负责人的落地执行能力却很差，让一个好活动毁于三流的执行。

把握以下 8 大活动要素，活动执行就差不了。

人力：分工和责任

一个小活动从策划到执行可以凭一己之力完成，很多人在做小活动中养成了不分工、不明确责任的坏习惯。小活动看不出毛病，也不会出错，但是一旦涉及一个大中型的活动，就会出问题，本质还是基本功不扎实。大中型活动涉及的人员、部门会变多，一旦人力分工不妥，责任不明确，就会出现关键事件掉链子、人员互相推诿责任、紧急事情找不到负责人等问题。一个好的活动策划人要养成明确分工和责任的好习惯。

活动开始前，通过会议、邮件的形式确认每个人的工作职责和内容，以会议纪要的形式记录下来。

活动开始后，用表格管理每个人的工作任务和项目进度，明确截止时间，关键时刻可以用邮件通报项目进度，给拖后腿的人一些压力。（第三章会专门介绍如何用表格管理和执行一个活动。）

视觉：设计和延展

大部分活动都需要用视觉传达来吸引用户的眼球，好的文案、创意都需要好的视觉传达，那么，活动中的第二项要素就是视觉。视觉传达就是大家理解的作图，作图看似是简单的工作，但往往是造成项目拖延的关键环节。作图往往在项目执行的最初阶段就开始了，所有人都会有一种错觉，认为项目时间充裕，再加上视觉传达具有极强的主观审美性，在审核视觉传达时，大家的意见都是让设计师再改改（再出一版看看）。这个过程无形中拖延了项目的进度，导致视觉传达反复修改，之后的项目时间极度紧张，需要加班加点地赶工，却不能保证项目质量。

在视觉设计阶段，项目负责人有以下 3 个关键的事项需要做。

1. 给出明确的设计方向和概念

设计师不是万能的，也不能凭借天马行空的想象来做设计。根据经验，设计师能够又快又高质量地出图的前提是，活动策划人给出一个明确的设计方向（甚至是参考图片），千万不要让设计师自由发挥，一般这种情况下结果都不太理想，也容易导致设计环节出现交付延期的问题。

2.给决策人施压，提醒截止时间，督促尽快决策

视觉传达在有些公司至关重要，它代表着公司形象以及用户对于这家公司和产品的辨识度。这时候，明明是一张图片的事情，却需要层层审核，审核人往往不涉及项目本身，对时间毫无概念，对项目也一知半解，往往不着急，决策的意见也不在项目上。这时催促相关决策人尽快决策，是项目负责人的关键工作。这看似是一个催促的活儿，实则是一个沟通解释的活儿，需要极高的情商和沟通能力，既给对方施加一定压力，又要有理有据地解释。

3.在视觉设计的过程中同步推进其他任务

一个活动的 KV 的审核是反反复复的，有时候会被拖延，而且后续涉及的视觉传达是很多的，要把所有的设计工作都做完需要较长的时间，这时候没有经验的项目负责人往往会在等待中拖延时间，刻板地认为要完成第一个环节才可以推进下一个环节。实际上，很多环节可以和视觉设计同步开展，在推进视觉设计的过程中，学会把其他不需要视觉传达却紧急而重要的环节挑选出来，同步推进。这样即使视觉传达的审核环节出了一些问题，也可以在项目的其他环节上争取时间，从而保证活动准时上线。

IT：活动功能开发

很多活动都是借助 IT 手段才得以规模化复制或者实现定制化玩法。IT 开发中最重要的两个方面是逻辑和确定性。

1. 逻辑

IT 技术可以把你的想法翻译成机器语言,然后让机器执行指令。当你向人下达指令时,你可以有一些模棱两可、逻辑不清晰的表达,对方可以自动识别并修正,理解你的意思,你的指令还是可以得到执行。机器却不行,机器需要极其明确的指令,逻辑清晰,指令才会清晰,机器才能一步步执行,但凡有些逻辑不清晰的地方,机器执行的结果就会南辕北辙。当接到一个项目时,不要急着让 IT 部门开发程序,首先要和 IT 部门的产品经理把项目的逻辑梳理清楚,制作成逻辑指令图,让项目变成可执行的机器语言。

2. 确定性

在活动项目中,修改在所难免,因为有时候执行的结果和预期有差距,实际结果出来以后再进行修改是很正常的。不同的环节,修改的金钱和时间成本不一样,比如线上的文案改起来是最容易的,然后是图片,但是,一旦这些文案和视觉传达制作成实体的物料,大部分人都会选择尽量不改,除非涉及原则性错误。计算机程序的修改相比文案和视觉传达难得多,所以,IT 部门的产品经理要求在明确需求后,再让程序员投入开发,而不是反复修改程序。有时候一旦一个程序需要修改,往往需要推翻前面所有的工作,修改成本极高,不仅浪费人力资源,还会严重拖延项目进度。

程序开发的 7 个必要环节如下。

(1)项目概括与描述。

(2)梳理项目逻辑图。

(3)逻辑图视觉设计(如按钮的位置、跳转的位置等)。

(4)程序开发。

(5)完成开发后进行 Bug 测试(如是否适配不同的机型、跳转的逻辑、跳转流畅性、领奖功能是否可用）。

（6）Bug 修复。

（7）正式上线。

物料：采购和制作

活动中会涉及很多物料，比如活动奖品、伴手礼、背景板、贴纸、指引牌等，这些物料有些涉及采购，有些涉及制作。

物料的采购相对来说比较简单，都是可以买现成的东西，即使这样，也有以下 4 点注意事项。

（1）购买流程的规范化。这在大公司尤其重要，采买东西都要进行流程审批，对供应商进行比价，防止个人腐败问题。

（2）预留充足的物流时间。整个活动中大部分流程都不涉及物流，所以活动执行人在物料采买的过程中会有一种惯性思维，设置截止时间时不考虑物流时间，这就导致活动开始了，相关物料还没有到位。

（3）不丢三落四。活动中往往会涉及比较多的物料，有一两个物料少买是常见的事情，不是关键性物料的话，不影响活动进展，倒也不要紧，最怕关键性物料缺失，影响活动进展，可谓是一颗螺丝钉影响整个机器了。

（4）入仓管理。物料采买以后大部分都不会直接使用，这时候就需要发货到仓库，进行入仓管理，方便后续调用或者发奖。有些公司的活动负责人基本上是看不到礼品实物的，都是通过邮件指挥仓库进行统一入仓和发奖管理。

物料的采买相对简单，制作物料要复杂一些，有以下两点注意事项。

（1）物料设计稿的关键信息不要出错。物料一旦制作完成，修改信息意味着这批物料全部报废，在交付制作前，一定要确认关键信息的准确性。

（2）物料定制需要预留打样时间。制作大批量的物料之前都需要打样，这样不仅可以降低出错概率，还可以让成品具有修改空间。

传播资源：锁定和采买

酒香也怕巷子深，一个好的活动不仅要有好的策划方案、好的落地执行，还要有好的传播资源。传播资源对一个活动的成败有着关键影响。传播资源分为内部资源和外部采买两种，不同的资源要有不同的方案。对于内部资源，要侧重合作共赢，多谈活动方案对对方部门的价值；对于外部资源，则侧重采买的性价比。

先来说内部资源。一个公司肯定有很多免费的传播资源位。比如做电商的公司就有很多流量入口，做实体店的公司则有很多线下门店的展位。这些资源位往往是每个部门重点争夺的对象，做销售的想卖货，做活动的想推广活动，那么，这个资源位凭什么给你？

争取内部传播资源位时有以下 4 个关键点。

（1）提前了解资源位的情况。位置在哪里？流量怎么样？日常主要放哪些宣传内容？谁负责管理这些资源位？使用资源位有哪些规则？

（2）提前锁定资源位。一般情况下，公司在管理资源位时都秉承先到先得的原则。这就意味着越早锁定越有优势，越可能赢得更好的资源位。这就要求活动策划人有前置思维，不要等到想用资源位了才去争取，而是要在做方案时把整体传播方案前置化，然后提前锁定资源位。

（3）提出合作共赢的方案。公司内部的活动推广会导致资源位不能变现，但是资源位管理部门也有自己的 KPI，不可能白白把资源位给你，这时候要多站在对方角度考虑对方需要什么，看看是否可以在活动方案中做前置规划，给对方创造价值。

（4）懂得利用资源。领导说话总是比你有分量，对方给你的资源位一般就是按照常规给的，这时候完全可以求助领导，让领导出面争取更好的资源位来推广你策划的活动。这时候比拼的往往是一个人是否善于利用资源来达成自己的目标。

再来说外部采买资源，内部资源大部分都是免费的，外部采买资源则是切实投入真金白银的。外部资源采买更复杂，钱更容易打水漂，注意以下 4 点事项，可让你在采购传播资源时避免出现纰漏。

（1）警惕数据造假。传播资源最容易有水分，因为不好衡量投入产出比，造假的人就多。例如，一个大 V 虽然有百万粉丝，实则很多都是假粉，你看到了曝光百万的传播数据，却看不到转化。挑选传播资源要看数据，挑选公关媒介公司时一定要多比较，辨别粉丝的真假。与大 V 沟通时，你要让对方感觉你很专业，在大多数问题上都能问到点子上。

（2）选好针对目标人群的传播资源位。做母婴用品的，就应该多找母婴话题博主、母婴话题媒体宣传，这是精准投放。如果做母婴用品的去投放财经媒体，往往是事倍功半，花了巨额的传播投入，却看不到效果。

（3）提前锁定资源。好的传播资源和公司内部资源都需要提前锁定，这样往往能够拿到性价比更高的资源位。

（4）做好整合营销。传播资源并不是越多（贵）越好，学会搭配使用资源，循序渐进地造势，这样往往可以事半功倍。例如，针对微博可以做一个开屏广告＋话题热搜＋微博 KOL 软文的整合型方案，而不是仅投放开屏广告，否则，形式死板，信息传递也不够到位。

供应商：选择和比价

物料的采买、程序的开发、传播资源的采买甚至视觉传达设计等活动都涉及供应商的选择，除了特别小型的活动，基本上所有活动都绕不开供应商的选择。有些活动甚至是整体外包给乙方做的，那么一开始就会涉及供应商的选择。

选择供应商时，有以下 3 点注意事项。

1. 遵循公司流程

选择供应商涉及钱，会有贪腐的风险，这时候最重要的是遵循公司的流程，能让自己避免很多的麻烦。比如，大公司一般只能选择供应商库中（乙方公司经过严格的招标才能进入公司供应商库）的供应商，对执行来说，这是一个相对简单的过程，只需要和供应商询价并谈项目即可，省去了到处找供应商的麻烦。有些公司则没有供应商库，需要自己拓展资源，这往往是吃力不讨好的工作，找到合适的供应商是一项非常辛苦的工作，涉及洽谈合作意向、比价等。

2. 比价

不管是大公司还是小公司，在确定供应商时，都绕不开比价的环节。买东西讲究货比三家，找供应商也是一个道理。让几家类似的公司对同一个项目进行报价，项目执行人就能做到心中有数，不至于花太多不必要的钱。对公司来说，比价是为了选择更具性价比的供应商，实现效益最大化。比价不仅要看价格，还要看对方的交付日期、交付质量（一般物料会涉及打样），甚至合作的便利性（如在同一个城市，执行更便利）。

3. 积累合作供应商资源

不要以为自己是花钱的甲方，就有源源不断的乙方为你服务。要找到好的合作乙方，不是一件容易的事情。把合作供应商列入自己的合作资源表格中，对表格进行信息规整（如公司名称、合作项目对接人、公司联系方式、公司合作态度），逐步形成自己的供应商库，这就是工作中的资源积累。下次再有活动时，可以直接在合作资源表格中选择合作公司，大大节省了寻找供应商以及对接磨合的时间。再加上你对供应商有了解，有把控力，又可以提高执行质量。

预算：申请和预付

只要是活动就涉及预算。在活动流程中已经做了预算的汇报和审批，这只意味着你有了这笔钱。在执行的环节，你要通过财务部门支付这笔款项。预算支付涉及整个活动，一般来说，预算支付有预付款、执行款、尾款3笔。预付款往往代表了双方合作的诚意，确定合作意向，避免甲方开口头支票，让乙方白白损失；执行款一般是指乙方开始投入真金白银，比如要进行资源采买、程序开发、物料投入等；留一部分尾款，主要是为了甲方能约束乙方履行合同。一般这三种款项的比例是3∶4∶3。不同公司的规则制度不一样，有些公司可以不付预付款，有些公司在执行前要求付全款，有些公司则把预付款和执行款合并一起支付。预算支付有以下3点注意事项。

1. 谨防被骗

钱一旦付出去，就很难追回来。如果是第一次合作的公司（或者不太熟悉的公司），建议付款前查一下对方公司的营业情况、纳税情况、是否有司法纠纷，或者通过合作资源来源（如熟人推荐或者网络来源）来判断对方是不是存在卷款跑路的风险。

2. 预留尾款

即使是常合作的公司，也有可能存在项目负责人执行不力的问题。如果在项目执行前付全款，在执行过程中和执行结束后，甲方很难约束乙方。留一部分尾款，乙方干活时会更花心思，在执行过程中，沟通问题时你也更有底气。当然，有些强势的乙方是要求付全款的，你只能尊重对方的规则。

3. 保留有效凭证

在付款时一定要有邮件做备份，保留有效的凭证。走完一系列流程后，财务部门往往会根据你的指令执行付款行为。你不能确保财务部门是百分百没问题的，万一出现问题，如果没有凭证，往往容易卷入麻烦中，如果留有邮件备份，一旦出现问题，可以追根溯源，及时解决问题。

奖品环节：开奖和发奖

一般的活动会设置奖品来吸引用户参与，活动最后的环节就是开奖和发奖。开奖和发奖看似很简单，但若处理不好，就会引发不好的舆情，以下是开奖和发奖的 3 点注意事项。

1. 开奖公示

开奖行为要公开透明化，要按照活动规则来开奖，开奖后要进行公示。对用户来说，公司做得规范、公开、透明，用户对公司更加有信任感，愿意参加后续的活动；对公司来说，一旦客户投诉，就有据可循。

2. 谨防黄牛

在活动前期要有一个防黄牛的活动说明，在开奖时要对黄牛进行剔除（如同个账号多次中奖，用外挂刷奖品等行为），这样才能真正把福利给到真实用户。

3. 发奖要注意时效性

有些人认为发奖不重要，把这个工作一拖再拖，导致用户很久都没收到礼品，进而投诉。因此，及时发奖有助于提升用户的体验。

🌸 活动复盘 3 要素

做 100 个活动，如果没有复盘总结，就只是把 1 个活动重复 100 遍，那么我们做活动的能力就是在原地踏步。如果我们能对每个活动进行复盘总结，就相当于每次都能进步一点点，最后在 100 个活动中积累经验，总结出 10 条有效的规律，并用这 10 条规律去判断活动效果，准确率会大大提升，个人能力就能实现质的飞跃。把经验总结成规律，就像是把珍珠串成珍珠项链。

预算和决算的对比

从活动立项到复盘，你会发现，哪个环节都离不开钱。没错，活动开始时你要做预算，活动中你要花钱，活动结束后你又要算钱。复盘最先要做的是要把预算和决算进行比对。

具体需要关注以下数据。

（1）总花费和总预算之比是否超标？超标原因是什么？是预

算预估不准确?

（2）钱是否花得有效?是否达成预期 ROI?

（3）有哪些新增花费不在预算内?是出现了新的资源吗?这笔新增投入是否值得?是乱花钱还是有效投入?

（4）哪些预算没有花出去?为什么花不出去?是资源被抢走了,还是执行能力不到位?（要知道不会花钱也是活动策划的一种能力缺陷,很多大公司的市场部到年底都会有钱花不出去的苦恼。）

（5）哪些花费浪费了?（如物料做错了,就要重新做,这样就会导致预算增加。）

（6）哪些花费有效,值得继续投入?发现了哪些新渠道值得下次活动继续投入预算?

目标和效果的对比

（1）目标和效果对比。最终是否达成预期目标?需要分析为什么达成（积累有效经验）,为什么没达成（剔除无效方式）。

（2）KOI 计算。

（3）拆分渠道并分析效果。例如,有些渠道超预期完成目标,有些渠道目标完成较差。

（4）目标制定是否合理?有时候目标是活动人员或者领导拍脑袋制定的。我们要在实际活动中不断验证目标是否合理,优化制定目标的逻辑,不然的话,做活动永远都在拍脑袋定目标。

人员和供应商经验总结

对每次活动进行总结,就会逐渐累积经验,一个活动的成败不仅体现在预算上,还在于人,包括人员、供应商和赞助商。总结活动仅仅分析预算和活动效果是不够的，还要把人的因素考虑进去，有些人在活动中是润滑剂，有些人则是关键性因素。能够对人和资源进行经验总结，有助于对下次活动进行合理安排。

（1）人。本次活动相关人员、部门的表现，包括配合程度、执行力、创新能力、沟通能力、每个人擅长的工作，在每次活动中逐步积累对人员工作能力的判定，方便后续更好地安排工作。

（2）供应商。对供应商工作能力的评价也可以按照人员的标准来评定，后续可以根据供应商的能力把不同的工作分配给不同的供应商。

（3）赞助商。总结赞助商的实力、要求、付款速度、配合程度，这都有利于维护后续活动的客户关系。

活动优势和不足总结

活动创意是否好？创意是否带来实际成效？执行细节是否到位？执行力是否强？在本次活动中，哪些是值得下次活动继续沿用的优势？哪些是需要在下次活动中避免的不足？

第 3 章
如何用表格管理执行活动

　　看似简单的活动，实则烦琐复杂，千头万绪。天马行空的创意背后，是无数张无聊又枯燥的表格。只有统筹好一张张表格，才能让无数个活动策划方案安全落地。此外，这些表格把我们从琐碎的工作中解放出来，让我们得以有精力去想有趣好玩的创意。本章总结了 4 张表格，用于管理年度活动，以及 12 张表格，用于管理单项具体活动的执行。

🌑 4张表格轻松搞定年度活动管理

　　年度活动管理表格主要用于做规划，让整个活动的预算、目标、活动场次和时间分布一目了然。年度活动管理表格不需要做得很详细，重要的是要有逻辑思维，有路线图（Roadmap）的作用。每个公司的性质不一样，年度活动管理表格的设计会有很大的区别，本章的表格仅供参考。

　　本小节一共介绍4张年度活动管理表格：年度活动目标管理表、年度活动规划管理表、年度活动预算管理表、年度活动礼品管理表。

年度活动目标管理表

　　公司每年都会制订年度商业计划书（Bussiness Plan，BP），这是指引公司开展当年工作的重要策略，活动年度目标要和公司的 BP 对齐，这样才能保证策划的活动不偏离公司的战略方向。

　　根据公司的 BP，可以再结合上一年度的实际数据，制定一个活动的年度目标。目标可以从数量和质量上来做规划。

　　数量上，需要考虑完成多少场活动，不同规模的活动分别有多少场，线上、线下的活动分别有多少场。

　　质量上，比如实现多少用户的拉新、多少用户的活跃，促进多少 GMV 的成交，多少量级的曝光。

　　如果只有一个年度目标，就会像大家日常生活中制定生活年度目标一样，年度目标年年写，实际上却很难落地。要科学合理地分解目标，根据实际情况把年度目标分解成季度目标、月度目标甚至是每天的目标，这样就会形成一张年度目标分解表格，这张目标分解表格将会贯穿一整年。

年度目标应该保持大方向不变，在实际落地和执行的过程中适当地调整细节。

年度目标、年度规划、年度预算三者是相辅相成的，后面两节会具体讲年度规划和年度预算。

年度活动目标管理表如表 3-1 所示。

表 3-1　年度活动目标管理表

年度活动目标管理表													
月份	1月	2月	3月	4月	5月	6月	7月	8月	9月	10月	11月	12月	总计
2021 年实际结果													
2022 年目标													
2022 年实际结果													
2022 年达成率													
较 2021 年提升													

年度活动规划管理表

有了目标，相当于打仗有了战略，接下来就是制定年度的活动规划。年度活动规划管理表（如表 3-2 所示）是整个活动策划团队的指南针，指引着当年的整体工作。

年度活动规划管理表里要确定年度大活动，大活动都是需要提前 2 ~ 3 个月甚至半年筹备的，需要提前锁定营销推广资源，需要进行程序开发排期和物料定制，需要提前锁定重要嘉宾档期等，而且年度大活动对于公司来说是战略投入，需要各项目主管审批决策，公司投入的人力、物力较多，牵涉的部门也会很多，协调沟通工作都是必不可少的，因此必须提前规划立项。

大活动确定以后，再根据已知的节假日、内部新品发布、公司周年庆等活动，结合公司销售节奏，确定每个季度、每个月的活动，以填满一整年的活动规划。

这两步完成后，年度活动规划就已经比较清晰了，整体的大活动和每个季度、每个月的活动就要排好了，活动策划人脑中应该形成一个年度活动的路线图。

最后再根据往年的经验，罗列一些小活动，以填补一些活动档期的空白，或者实现一些创意。

大部分公司的年度活动规划一般包含一两次年度大型活动，4次季度中型活动，12次结合新品、节日等的月度活动，若干次创意小型活动。

表3-2　年度活动规划管理表

年度活动规划管理表											
月份	1月	2月	3月	4月	5月	6月	7月	8月	9月	10月	11月	12月
节假日热点	年货节	春节	"3·8"女王节		五一劳动节			七夕	教师节	国庆节		"双旦（诞）"
电商平台节奏						"618"大促					"双11"	

续表

年度活动规划管理表											
月份	1月	2月	3月	4月	5月	6月	7月	8月	9月	10月	11月	12月
公司内部节奏												
新品节奏			新品首发			新品首发						
部门节奏												

年度活动预算管理表

有多少钱办多少事，年度活动预算管理表（如表 3-3 所示）会指导我们应该怎么花钱。我们要学会戴着预算的镣铐跳舞，在预算的范围内把活动的 ROI 最大化。

1. 年度活动预算总包

大部分公司的预算不是由活动负责人拍脑袋决定的，也不可能让他们来定，而是根据去年年度销售额与实际花费，经过业务、财经几个部门讨论定出一个基本额度，最后由大老板和活动负责人沟通后进行微调确认下来的。年度总包大概是年销售额的 1% ～ 2%，不同部门、不同组织架构、不同公司的战略目标都会有所不同（有些新品牌的扩展战略可能拿销售额的 50% 投入广告和活动，也有些公司因战略收缩，投入比例不到 0.5%）。确认预算总包，你只需要记住一个核心原则：销售额的占比是决定活动预算年度总包的最关键的参考因素。

2. 活动预算占比

在年度活动预算管理表中，往往会按照不同种类和不同时间段的活动划定投入占比，这是一个活动策划人最基本的工作，往往也是主管考核活动策划人的思维逻辑、活动经验、活动能力的一个核心指标。活动策划人要考虑为什么要这么投入？投入的原因是什么？底层逻辑是什么？

举个例子，一般来说，明星代言费和推广明星代言媒介的投入比例大概是 1 ∶ 6，也就是请明星花 200 万元，则需要投入 1200 万元的推广费，这个项目才能被广而告之，那么总预算就要 1400 多万元。预算来自工作经验与逻辑判断，是做决策的根据。

常见的活动预算占比涉及以下几个方面：现金（红包）、礼品、媒介投放、物料制作分别占比多少；四个季度分别占比多少（电商行业一般在第二和第四季度的投入远高于另外两个季度，因为有"618"和"双 11"节日）；买赠（销售导向）、粉丝会员权益（用户导向）的占比是多少；直播 KOL 佣金和直播礼品的占比是多少；年度大活动和月度活动的占比是多少。

预算中还有很重要的一条，就是活动 ROI 的测算。活动 ROI 本质上是将目标和预算进行匹配。

最简单直接的是花 1 元钱能带来多少销售额，这也是领导最喜欢看到的 ROI 指标，简单明了。

其次是活动带来多少有效用户。比如行业中获取一个有效粉丝、会员、App 用户的成本大概是多少是有参考数额的。那么，投入多少钱大概会带来多少有效用户就是老板关心的 ROI 了。

最后是曝光度、品牌影响力。这是很难衡量的，但是有时候又不得不做一些品牌活动。一般这时候，衡量的 ROI 是曝光度和覆盖度。

大部分活动策划部门都对这 3 个 KPI 负责，那么活动预算和 ROI 需要分层级去匹配和制定。

表 3-3　年度活动预算管理表

年度活动预算管理表																
季度	Q1				Q2				Q3				Q4				
月份	1月	2月	3月	汇总	4月	5月	6月	汇总	7月	8月	9月	汇总	10月	11月	12月	汇总	总计
2021 年花费																	
2022 年目标																	
2022 年实际																	
2022 年红包预算																	
占比																	
2022 年礼品预算																	
占比																	
2022 年媒介预算																	
占比																	

年度活动礼品管理表

活动策划必然离不开奖品，这就涉及活动策划中另一项很重要的工作，就是活动礼品的管理。活动礼品的管理涉及的问题非常多，往往被活动策划团队视为又苦又累的活儿。

活动礼品管理涉及的流程包括礼品的采买、礼品的入仓管理、活动礼品的规划、礼品的发放、礼品的核销。每个环节都是琐碎而又复杂的工作。比如，礼品的采买涉及价格是否合理、品质是否过关、是否有回扣等一系列的管理工作。

如果是大公司，可以通过线上系统来管理礼品的每个环节，从而减少礼品管理的工作量。在系统上可以查看礼品的库存、发货情况、使用情况。

如果是小公司，如果没有强大的线上系统，那么就需要一张礼品管理表格，主要包含入库礼品数量、礼品使用情况、礼品发放情况、实际可用礼品情况，以保证礼品不会库存过量，也不会因为礼品库存不够导致超发，引起活动用户的投诉。

年度活动礼品管理表如表 3-4 所示。

表 3-4　年度活动礼品管理表

年度活动礼品管理表										
序号	礼品编码	礼品名称	可用库存	采购价	入库时间	采购部门	使用部门	使用数量	使用日期	使用用途
1										
2										
3										

12 张表格轻松执行一个活动

对于活动策划新手来说，每次执行一个活动都忙得焦头烂额，而且错误频出，这是因为没有掌握活动策划的窍门，也没有从中总结经验。只要学会用表格管理活动执行，就可以起到事半功倍的效果，减少错误发生，减少频繁用脑，让表格帮你把活动管理得井井有条，这也是一个活动项目负责人的基本素养。本小节总结归纳了 12 张常见的活动策划需要用到的表格，不一定每个活动都需要用到 12 张表格，不同的活动可以根据需要选取不同的表格进行管理。

（1）活动路线图管理表。

（2）项目进度管理表。

（3）工作人员联络系表。

（4）每日工作清单。

（5）活动视觉设计需求表。

（6）活动嘉宾管理表。

（7）活动预（决）算表。

（8）活动物料管理表。

（9）活动发奖管理表。

（10）传播资源管理表。

（11）活动数据监控表。

（12）活动自检表。

以下是 12 张表格的用途和注意事项。

活动路线图管理表

活动路线图管理表是一张总表（如表 3-5 所示），用于管理整个活动项目，便于跨部门协调和沟通，也便于同步信息和时间节点，以及各个部门的工作。打开这张表格，你能够总览整个项目的工作内容，这类似一张路线图，能够为整个活动指路。

表 3-5　活动路线图管理表

活动路线图管理表（以"双 11"项目为例）									
日期	10月20日前	10月20日	10月21日	10月22日	10月30日	10月31日	11月1日	11月10日	11月11日
星期	星期三	星期四	星期五	星期六	星期日	星期一	星期二	星期四	星期五
项目节点							开门红		爆发当天
电商平台节奏		天猫平台×××活动							
公司内部节奏				周年庆					
产品节奏						新品发布			
公司部门工作节点									
电商部									
设计部	完成KV设计								
营销部	活动预热传播		周年庆预热						

表格制作提示

（1）示例中只显示了部分日期，可以根据实际需求调整周期。

（2）表 3-5 的活动路线图管理表更适合看整体活动节奏，只写重要时间节点，并对接公司内部相关员工。

项目进度管理表

项目进度管理表（如表 3-6 所示）主要用来指挥员工做具体的执行工作。你每天工作的第一件事应该是打开这张表格，浏览后就要对整个项目了然于心，知道哪些事情的进度怎么样，哪些事情处于紧急状态，今天要做哪些事情。

这张表格应该包含这次活动具体有哪些工作大类，每个大类下面有哪些具体的任务需要完成，这些工作的截止时间是什么时候，这些工作分属于哪些部门的哪些人来推进。有些是把工作分到部门，由部门再进行分工，有些则是把工作分到具体的人。如果跨部门协调遇到困难，可以把这张表格记录的进度进行邮件通报，提醒相关部门的领导，哪些项目进展良好，哪些项目进度落后，这样有助于跨部门快速推动项目落地。

表 3-6　项目进度管理表

项目进度管理表							
项目类别	工作内容	完结标志	责任人	截止时间	进展	备注	1月1日
活动方案	活动方案撰写	输出方案PPT	×××	8月30日	进行中	以PPT形式	资料收集
	活动方案汇报						
视觉设计	KV设计						
	视觉尺寸统计						

续表

项目进度管理表							
项目类别	工作内容	完结标志	责任人	截止时间	进展	备注	1月1日
线上电商平台拉通							
线下门店拉通							
营销传播方案							
活动复盘	数据收集整理						

表格制作提示

（1）1月1日日期部分可向右延长，用于每天对项目进行进度管理。

（2）项目进度管理表适合写更详细的工作内容和细节，方便执行管理。

工作人员联系表

活动是由具体的人完成的，管理活动也是间接管理人。项目负责人要及时同步整个项目的进展，督促项目进度，确保项目准时上线，通过邮件、微信、OA 软件对相关人员进行进度管理。

对线下活动来说，工作人员联系表（如表 3-7 所示）尤其重要。如果要在现场能够及时找到相应的人，就需要让大家都保持随时在线的状态。

表 3-7　工作人员联系表

工作人员联系表							
工种	工作内容	姓名	职位	微信	手机	邮箱	备用联系方式
项目总负责	统筹协调项目进展						
IT程序员	程序开发						
设计师	视觉设计						
客户对接人	项目外部对接						
传播对接人	传播方案输出						

表格制作提示

（1）线上活动和线下活动可共用一张工作人员联系表。

（2）线下活动对此类表格要求更严格，对于重要任务，必须确保工作人员联系畅通。

每日工作清单

每日工作清单（如表 3-8 所示）主要用于管理自己的工作任务，有些是活动本身的任务，有些则是发邮件、提需求、监工、沟通、开会、了解进度、看样品等工作，这些工作任务不可能都写到活动任务分工表中，但是这些工作又确实存在。如果光靠脑子记，不仅容易忘记，也需要花太多精力。

这时候每日工作清单就显得特别重要，把各种琐碎的工作都记录在这张表格中，这张表格只是给自己一个人看的，唯一的作用是提醒自己今天的待办事项。如果今天的待办事项完成了，就删除；如果没有完成，就挪到明天继续完成。这个方法可以把自己的大脑从琐事中解放出来，也能确保自己不会忘记事情，提高工作效率。看着一条条完成的事项，自己也很有成就感。

表3-8　每日工作清单

每日工作清单			
日期	星期	每日工作清单	备注
1月1日	星期六		
1月2日	星期日		
1月3日	星期一		
1月4日	星期二		
……	……	……	……
1月15日	星期六		
1月16日	星期日		
1月17日	星期一		
1月20日	星期四		
1月21日	星期五		
1月22日	星期六		
1月23日	星期日		
1月30日	星期日		
1月31日	星期一		

表格制作提示

（1）每日工作清单也可用于管理日常工作。

（2）因日期较多，建议对已完成和未完成部分做隐藏处理。

（3）建议用颜色标记法定休息日，以区分工作日和休息日。

（4）每日工作清单中，完成部分用灰色标记，未完成部分用黑色标记。

（5）备注部分可写数据、想法、心得、临时的联系人与联系方式，后续及时规整。

活动视觉设计需求表

　　大部分人喜欢用口头语言或者文字（邮件）传递设计需求，这种方式看似简单高效，其实容易出错，造成需求不明。口头表达会让设计师难以记住你的所有需求，容易丢三落四。用一张表格（如表3-9所示）辅以文字说明，能更加清楚有效地表达设计需求，发完需求后，如果再口头进行说明，那么设计需求传达准确率可达到90%以上。可以用表格指示设计稿的大概排版方式和文字、图案的摆放位置，然后再在旁边用文字说明对设计的要求。设计师接到需求表，一目了然，对照着需求表格进行设计，不容易忘记设计要点，也不容易遗漏重要信息，沟通更加高效便捷，双方都能省时省心。

表3-9　活动视觉设计需求表

活动视觉设计需求表			
需求部门		需求人	
下单时间		交付时间	
尺寸		用途	
参考画面			
设计需求			
文案部分			

表格制作提示
（1）尺寸和交付时间是关键。
（2）用途、参考画面有助于设计师更好地理解设计需求。
（3）把设计需求和文案部分写清楚，有助于提高工作效率。

活动嘉宾管理表

　　线下活动涉及的嘉宾比较多，嘉宾对活动来说起着至关重要的作用。当嘉宾多时，涉及的东西就非常多，光靠脑子是完全记不住的，这就需要用表格来管理。那么，活动嘉宾管理表（如表3-10所示）有哪些注意事项呢？

（1）嘉宾姓名、任职公司、职位要做好备注，谨防出错。

（2）确认嘉宾入住酒店，航班（高铁）到达时间，是否需要接送机，是否需要招待餐食。

（3）确认嘉宾是否有随行工作人员需要安排食宿。

（4）活动中嘉宾的座次、出场顺序要安排好。

（5）确认嘉宾是否有特殊的喜好和忌讳。

表3-10   活动嘉宾管理表

| 活动嘉宾管理表 | | | | | | | | | | | |
嘉宾类别	姓名	任职公司	职位	联系方式（手机、邮箱、微信）	助理联系方式	是否出席	邀请函	伴手礼	是否接机	航班号	食宿安排	备注
演出嘉宾												
剪彩嘉宾												

表格制作提示

（1）与大部分嘉宾沟通都需要联系其助理。

（2）备注部分可以填写嘉宾的喜好和忌讳。

活动预（决）算表

所有的活动都需要做预算，不管是简单的活动还是复杂的活动，做预算表有助于我们了解活动的大致花费，帮助我们厘清思路。活动预（决）算表（如表3-11所示）能让我们一目了然地看到在哪些地方需要花多少钱，一共需要花多少钱，有哪些大类和小类，占比是多少。

活动预（决）算表应该怎么做？首先划分费用的用途大类，再在大类下细分小类，主要看数量和用途，最后通过大类占比看费用规划是否合理。

有预算就有决算，决算就是实际花的钱。决算表其实很好做，就是对照着预算记录实际花费，有额外的花费时再进行补充。不过做决算表时，往往需要计算各项花费的占比，计算活动ROI，这主要是用于后期做活动复盘。

如何做出一张合理有效的项目预算表？

（1）明确项目预算表的作用，包括评估子项目是否可行的花费标尺、项目期间协调和分配有限资源的准绳、向上级申请预算的汇报材料。

（2）按照人（长期工作人员、临时工作人员、嘉宾等）、货（物料、礼品等）、场（购买场地、租赁场地、搭建场地、布置场地等）拆解项目，别忘了还有服务费（保险、消防、公关、咨询费、物流费等）。

（3）评估每项花费。方法包括参照法，去年同期项目、类似项目的预算表可以拿来对照；网络找资料法，通过网络搜索相关材料和攻略；咨询法，询问做过类似项目的同事、朋友，了解行情；货比三家法，找三家公司询价，取中间值做预算；汇总法，让各个子项目负责人报预算，再核对。

（4）调整细节，汇报预算，申请经费。这包括留有20%的弹性空间；说明每项支出的合理性；根据项目大小，明确报预算的量级（百元、千元、万元、十万元……）；项目完结后核对决算表和预算表。

表 3-11   活动预（决）算表

活动预（决）算表					
活动总预算					
大类	详细内容	数量	单价	总价	备注
场地租赁和搭建					
嘉宾出场费					
后勤接待					
物料采买					
媒介传播资源采买					
机动费用					
总计					

表格制作提示

（1）活动预算表和活动决算表是相对应的，根据实际产生的费用进行统计。

（2）对于大的活动项目，需要对部分单项预算进行拆表统计。

活动物料管理表

活动物料管理表（如表 3-12 所示）主要用于管理物料。通过这张表，我们能知道采买的活动物料大类（奖品、伴手礼、现场搭建物料等），再通过小类明细了解活动采买的物料的数量、单价、尺寸等，再备注采买供应商与采买状态（是否已采买、是否已经入库）。

表3-12 活动物料管理表

活动物料管理表									
序号	物料名称	物料详细内容	材质	数量	单价	尺寸	进度	备注
1	活动背板	背板设计＋打印＋进场搭建	背板＋木质写真	1 份				
2	易拉宝			3 份				
3	门口海报							
4	会议材料							
5	流程单							
6	桌签椅签							
7	签到表							
8	地贴							
9	伴手礼							
10	……							

表格制作提示

涉及物料较多，可区分物料大类进行管理。

活动发奖管理表

大部分公司发奖都是通过邮件告知仓库代发货，其实可以把邮件信息整理成一张活动发奖管理表（如表3-13所示），让别人通过这张表格执行发奖的指令。

活动发奖管理表需要写清楚以下信息。

（1）奖品信息。一般来说，发奖物品会用一串数字编码代表，礼品入库的第一件事情就是编码。比如手机，一个仓库可以有不同品牌的手机奖品，即使是同一个品牌的手机，也有不同的颜色和配置，要说清楚到底要发哪一部手机是很复杂的，发奖人也容易出错。这时候如果对手机进行编码，让发奖人根据编码发奖就不容易出错。此外，还要注明奖品数量。

（2）中奖人人信息，包含姓名、手机号和联系地址。

（3）发奖时间。仓库有自己的工作任务，如果要紧急发奖，就需要进行强调，比如在某年某月某日之前发货。

（4）活动名称和活动负责人等信息也要录入表中，这是为了方便后期统计。

表3-13　活动发奖管理表

活动发奖管理表								
活动名称	活动负责人	活动时间	中奖人姓名	手机号	联系地址	发奖时间	数量	礼品编码

表格制作提示
联系地址可以根据快递要求区分省、区、市、详细地址。

传播资源管理表

传播资源管理表是一张传播资源的路线图，看到这张表格，对于本次活动有哪些传播资源，传播量级大概是多大，传播目标客户群体有哪些，传播效果如何，我们要做到心中有数。在实际执行的过程中，可以监督哪些渠道已经落地，哪些渠道还有待落地。

这张表（如表3-14所示）应该包含以下内容：媒体名称、媒体大类（纸媒、新媒体、广播媒体、电视广告等）、用户量（如新媒体看粉丝量、阅读量、转发量、评论数、点赞数，纸媒看发行量，户外媒体看人流量）、传播形式（有些是软文通稿，有些是视频TVC，有些是平面广告，有些是图文内容，有些是短视频，如果是需要自己准备传播素材，就需要在表格里进行标注哪些素材到位了，哪些素材在制作中）、媒体价格、链接、媒介价格、发布时间、效果统计（有些效果反馈直接在这里填写，有些会单独做一张反馈表进行效果监控）。

表3-14　传播资源管理表

传播资源管理表								
负责人： 传播周期： 传播总预算：								
媒体 大类	媒体 名称	传播 形式	状态	用户量	链 接	发布 时间	效果 统计	媒介 价格
纸媒	××× 日报	采访	待采访					
			素材 已完成					

续表

传播资源管理表								
负责人： 传播周期： 传播总预算：								
媒体 大类	媒体 名称	传播 形式	状态	用户量	链接	发布 时间	效果 统计	媒介 价格
自媒体		视频	已投放					
		图文						
KOL								
户外 广告								

表格制作提示

　　媒体传播链接、传播截图需要实时关注，方便后期统计。

活动数据监控表

　　活动复盘需要各种数据，就需要进行数据收集。数据分析能力是活动策划人的一个重要能力。对于相同的数据，不同的人可以看出背后不同的影响因素，从而给出不同的判断。

　　数据有两种：一种是活动开始前用线上系统进行埋点，这就需要在活动前确定要用哪些数据进行分析，哪些是关键数据信息；另一种是系统自行统计的数据，这种数据就靠摘取分析。不同的活动需要的数据是完全不同的，不同的人想要选取的数据也不同，所以，数据监控表是没有模板可循的，靠的是个人经验。这里提供一张日常做活动的数据监控表（如表 3-15 所示）做参考。

表3-15　活动数据监控表

活动数据监控表												
统计日期	PV	UV	点击率	购买人数	转化率	购买金额	GMV渗透率	分享人数	新增关注	新增入会	红包领取数量	红包领取金额
1月1日												
1月2日												
1月3日												
1月4日												
1月5日												
1月6日												
1月7日												
1月8日												
1月9日												
1月10日												

表格制作提示

　　（1）每个活动数据摘取方式不一样，有些是直接在系统后台抄录，有些需要程序提前埋点。

　　（2）数据统计维度可以根据实际活动需求增减。

活动自检表

活动中琐事多，容易丢三落四，那么，对一些重要事项就要用表进行单独管理。比如活动方案是否已经汇报，就可以作为活动自检表（如表 3-16 所示）中的一项放进去，每天工作结束前就打开这张表格看一眼，看着越来越多的重要事项被落实了，心里会有一种踏实的感觉。

表 3-16　活动自检表

活动自检表			
序号	核对事项	备注	自检
1	活动方案汇报	需要主管电子系统审批	√
2	活动物料采购	需要入库	√
3			
4			
5			

表格制作提示
此表可以把一些核心关键事项罗列进去，每天进行一一核对。

以上 12 张表格并不是每个活动都需要全部用上，还要根据实际情况进行适当取舍，有些简单的事情也不一定要用表格进行管理。只是根据经验来看，这些表格能够让我们做活动时更有条理，能够解放精力，让工作效率大大提高。

有些表格是格式化的，可以拿来就用，这类表格大部分属于工具型表格，如活动物料管理表、活动发奖管理表、每日工作清单等；有些表格是可参考，也可优化的，如项目进度管理表、传播资源管理表，整体上有模板可循，在实际执行中也可以适当根据项目情况优化，加入自己的思考；有些表格则完全是个性化的，这类表格考验的是一个人的经验、对事情的理解、分门别类的能力，主要体现一个人的能力，如活动数据监控表，这时不能照抄模板，还要学会举一反三，融入自己的思考。

活动文件管理

活动文件管理在整个活动中算是一件很小的事情，但是文件管理习惯好，会让我们在工作中终身受益，能够减少出错概率，提高工作效率。以下是表格管理、使用以及文件夹命名的一些提示。

表格管理4点提示

（1）不同的活动要用不同的表格文件进行管理，方便分门别类。

（2）不同的表格要归纳到一个表格文件的不同表单里面，方便查找并更新。

（3）每次更新完，要对表格文件重新命名，以方便自己看到最新的表格，不至于弄混旧版本和新版本。

（4）有些项目需要网上协同工作，一般会用到可以在线上协同使用的表格。

表格使用3点提示

（1）用 Excel 软件管理活动项目时，可以通过冻结窗口、隐藏横竖列等命令，让表格看起来更直观。

（2）善于利用公式来调整一个数据，其他数据会跟着调整，不容易出错。

（3）学会用颜色区分不同项目，让人一目了然。

活动文件夹命名4点提示

给活动文件夹命名是一个良好的工作习惯，有助于提高工作效率。降低出错率做一场漂亮的活动，以下4点提示可以帮助你更好地为文件夹命名。

（1）对文件夹进行标序列号（如A，B，C或者1，2，3）；如果不进行标序列号，系统是按照拼音首字母排序的。我们可以按照自己的标准进行排序，如按照时间顺序，或者按照重要程度与类型。

（2）分门别类，方便调取，根据活动的特性建文件夹，包括活动文案、活动策划方案、活动设计素材、活动执行表、活动财务预算。

（3）标上时间和版本，改来改去结果最喜欢第一个版本的事情经常发生，有时候因为一些微小修改而分不清两个版本的事情也经常发生，要在活动结束前把所有版本的文件留着。比如文件"20220530"就是2022年5月30日生成的版本，用文件名来区分各版本的先后顺序，如果一天内改了很多次，就精确到小时，如文件"20220520 12"。文件会自动按照时间顺序排列，后面找起来非常方便，省时省力，还不容易出错。

（4）改完文件后做上标注，如"××改""×××定稿""××审核稿"，尤其是活动方案或者设计素材文案等，每次改动不多，不容易被发现，很容易和原版本混淆，最后都不知道哪个版本是正确的版本，匆忙之中拿去印刷制作，出错概率极高。

第 4 章

社交媒体与用户认知

　　用户的时间在哪里，注意力就在哪里，这就是社交媒体争夺用户时间的关键原因。社交媒体几乎成了用户接触到大多数品牌的第一个环节，几乎稍微有点规模的品牌都会在社交媒体上运营自己的账号，如小红书、抖音、微博、微信、B 站、快手，甚至有些品牌还有自己的粉丝运营阵地，如小米的米粉、华为的花粉。在社交媒体上主要做的就是用户认知（Awareness），用户买不买产品不是最重要的，最重要的是让用户知道有这个品牌。

　　社交媒体的活动策划更偏重曝光、趣味性、媒体的二次传播，比如能不能上热搜，能不能树立品牌形象。本章通过"刘润找老纪"微信朋友圈活动、1000 瓶大客户专属老干妈活动、喜茶"错付"友商粉丝活动、星巴克世界地球日免费喝咖啡活动、"寻找中国锦鲤"微博活动这 5 个活动，谈一谈在社交媒体上如何做活动。

刘润找老纪：成交 5000 万元豪车

案例概述

　　相当一部分白领人士对刘润还是很熟悉的，因为他有一定的知名度，那么老纪是谁？相信熟悉的人并不多，虽然他的"老纪豪车"做得很好，但是，和刘润相比，他还只是一个籍籍无名的普通商人而已。然而，"刘润找老纪"这个故事却被老纪在私域玩成了一个爆款营销活动。

　　第一阶段，单纯的刘润找老纪。2021 年 6 月 24 日 14：51，刘润在微信朋友圈发了以下内容："万圈，最近对豪车毒的老纪很感兴趣。谁正好认识，是否方便介绍一下？感谢。"

　　第二阶段，红包驱动，裂变传播。老纪独辟蹊径，明明已经加上了刘润的微信，他却通过发红包来发动周边的朋友开始了假装"刘润找老纪"的活动。

　　第三阶段，网友自发传播。做营销活动的人是不会放过任何一个热点的，既然"刘润找老纪"成为热点事件，做营销策划的人就借机开始宣传自己的产品，顺带又传播了一轮"刘润找老纪"事件。

案例解析

　　（1）此活动属于典型的"无中生有"案例。本来刘润想要认识老纪，通过几个朋友的牵线搭桥，很快就能加上老纪的微信，两人通过微信、电话或见面交流，事情就闭环了，老纪偏偏还营造出全世界都在找老纪的假象。对于大部分人来说，类似的事件永远不可能成为营销自己的机会，但是老纪无中生有，硬是把一个简单的"刘润找老纪"事件变成了全网的热点营销事件。

（2）红包在私域领域能够起到加速的作用。后续接受采访时，老纪自己透露说发了将近 80 万元的现金红包。80 万元的投入对于很多公司来说都是一笔不小的活动预算，老纪这次属于个人行为，可谓是一掷千金。如果前期只是靠熟人传播，那么，影响力和活动范围是极其有限的，活动就只能在小范围传播。而通过红包驱动生财有术、群响等大批互联网社群进行裂变传播，老纪一下子成了热点人物，大家都在问老纪是谁。

（3）名人效应。如果是不知名的人找老纪，根本没有人关心老纪是谁，更不会产生传播效应。此次事件中，最核心的是刘润找老纪，刘润是名人，那么这个有知名度的人在全微信朋友圈找的人是谁？大家自然会有好奇心，这就是名人带来的效应。

（4）营销自己，促成 5000 万元销售额。根据老纪的说法，这次事件在几十万个微信朋友圈中得到曝光，在几百个社群内转发，100 多位风险投资人（VC）找老纪（"刘润找老纪"事件让更多人知道了老纪），沉淀了 1 万多位私域客户，成功卖掉 2 台库里南、3 台宾利、2 台法拉利，累计成交 5000 万元。

案例模板

"刘润找老纪"微信朋友圈活动策划方案

活动时间： 从刘润发布微信朋友圈开始，越快越好。

活动目的： 借势热点，持续炒作话题，提升热度和搜索指数。

活动玩法：

（1）发动身边所有人发一条"刘润找老纪"的微信朋友圈。

（2）用红包驱动社群用户转发。

活动预算：80 万元现金红包。

活动传播：

（1）微信朋友圈。

（2）社群。

活动分工：活动分工如表 4-1 所示。

表 4-1 "刘润找老纪"微信朋友圈活动分工表

"刘润找老纪"微信朋友圈活动分工表		
工作大类	工作内容	截止时间
活动执行	（1）引导朋友发一条"刘润找老纪"的微信朋友圈。 （2）用红包驱动各类私域群转发。 （3）承接好私域流量，为这些群体做好服务，介绍老纪是谁，顺势推广老纪和他的业务。	活动开始后越快越好
活动复盘	统计本次活动共计发出的红包、覆盖的用户群体、实际沉淀的高质量用户和成交的业绩。	活动结束后1 周

方案撰写要点

此活动中，最重要的是快速反应，要对私域营销有一定的敏感度，从刘润发出找老纪的微信朋友圈开始，就能快速想到应对策略。这属于老纪的个人行为，所以他在做这个活动时肯定是没有活动方案的，也不需要内部审核、汇报之类的流程，他只是内心有个大概的想法，然后就进入快速执行阶段了。这更多的是考验人的敏锐度和对事件的关注度。

顺势而为：老干妈上架 1000 瓶辣椒酱回应腾讯

案例概述

腾讯因为老干妈投放广告，却迟迟收不到广告费而状告老干妈，然而老干妈称并不知情，经公安机关调查，广告协议实则是骗子私刻公章来冒充老干妈市场部经理所为。腾讯知情后，以自嘲的形式回应了此事，以 1000 瓶老干妈作为悬赏奖品寻求骗子线索。老干妈官方旗舰店迅速上线了 1000 瓶大客户专属老干妈链接，疑似回应腾讯。天猫官方旗舰店为代理商经营，不代表老干妈官方行为，老干妈在这次事件中可以说是一心只卖辣椒酱，两耳不闻窗外事。不管怎样，老干妈在这次乌龙事件中堪称最大赢家，网络搜索量和销量暴涨。

我们来梳理一下整个事件的前因后果。

（1）腾讯状告老干妈，引发大量网友围观。

（2）剧情反转，原来是腾讯被伪造的公章所骗，腾讯自嘲是"憨憨"。

（3）此事件在互联网迅速发酵，各个品牌和网友开始蹭热点，创作 UGC，使得事件快速发酵。

（4）老干妈天猫官方旗舰店上线了 1000 瓶大客户专属老干妈链接，引发网友持续讨论，给话题添了一把火。

案例解析

这是一次典型的热点事件的营销活动，老干妈的官方旗舰店代理商迅速捕捉到热点，在腾讯状告老干妈话题火爆时，借势上线了 1000 瓶大客户专属老干妈链接。

（1）这次热点属于趣味性话题，蹭正向价值观的热点是品牌热点营销的基础条件。虽然是腾讯被骗事件，但是整体的基调比较欢乐。腾讯以自嘲式回应事件，网友更是调侃腾讯，整体氛围较为愉快。面对这样的热点，一些有趣味的玩法则很容易博得好感。有些热点则极其敏感，涉及话题严重违背主流价值观，品牌一旦蹭这样的热点，容易引火上身，引发舆论危机，这是得不偿失的。在选择热点事件做活动策划时，策划人一定要敏锐，要能够甄别哪些热点可以蹭，哪些热点是禁忌。

（2）极低的成本投入让老干妈在本次事件中躺赢。老干妈代理商策划的 1000 瓶大客户专属老干妈的活动对老干妈品牌来说是锦上添花。老干妈品牌方什么都没做，代理商也只是做了简单的活动策划，上线这个商品链接完全不是为了销售，纯粹是为了炒话题、蹭热度，为网友提供更多可以讨论的话题，借助热点让品牌一而再，再而三地被提及，保持话题热度，让老干妈的搜索指数持续上升。这就是这次活动最大的价值。上线一个链接的成本极低，只是做几张图，然后上架产品而已。

（3）被二次传播是意外之喜。策划上线这个商品链接的代理商原本只是想延续话题热度，没想到引发了媒体的二次传播。在互联网上搜索"老干妈上架 1000 瓶辣椒酱回应腾讯"，可以发现非常多的媒体转发了此条热点新闻，可见这次话题一不小心就被二次传播了，给老干妈带来了极大的媒体曝光度和搜索量，同时销量也持续攀升。

案例模板

1000瓶大客户专属老干妈活动策划方案

活动主题：1000瓶大客户专属老干妈。

活动时间：7月3日（在腾讯回应愿以1000瓶老干妈作为报酬寻找骗子线索后，应第一时间上线活动）。

活动目的：借势热点，持续炒作话题，提升老干妈热度和搜索指数。

活动玩法：上架1000瓶大客户专属老干妈链接。

活动预算：0元（这次是无成本营销活动策划）。

活动传播：

（1）天猫官方旗舰店首页、商品详情页。

（2）社交媒体UGC创作（可用小号进行话题炒作）。

活动分工：活动分工如表4-2所示。

表4-2　1000瓶大客户专属老干妈活动分工表

1000瓶大客户专属老干妈活动分工表		
工作大类	工作内容	截止时间
创意构思	此活动不需要方案，只要简单说明一下创意，和主管报备，主管重点审核活动是否违主流价值观，是否涉及打擦边球。此类活动一般不会涉及预算，即使有，也只是一些小礼品，不需要走审批流程。	热点出现后15分钟内完成
活动准备	（1）活动创意构思、活动素材设计。 （2）活动商品链接搭建（主图、详情页设计）。	热点后1小时内完成
活动执行	（1）活动上架前的审核（审核核心价值观，而非文案、图片质量等）。 （2）配合微博等平台进行话题传播（最适合热点发酵的平台依然是微博）。	活动期间

1000 瓶大客户专属老干妈活动分工表		
工作大类	工作内容	截止时间
活动复盘	总结快速响应热点的模式（如预判热点、提前准备素材等）。	活动结束后 1 周

方案撰写要点

此活动最核心的是要快速反应，活动创意不是最重要的，最重要的是要在 1 个小时内对于热点做出反应。热点的有效期是很短的，错过黄金反应时间，流量和话题度都会直线下降。这就是为什么那么多蹭热点的品牌基本上都采用发海报＋发微博的形式，因为这是传播最快的内容组合方式。

体育赛事这种热点属于可预测热点，那么就可以提前准备，热点内容一出，基本上 1 分钟内就能发布热点营销图（这种情况一般是提前准备了两种方案，是结果 1 就出海报 1，是结果 2 就出海报 2）。像腾讯状告老干妈这类热点属于临时不可预测热点，这类热点考验的是活动策划者的敏锐度。

转危为机：喜茶"错付"友商粉丝

案例概述

喜茶在微博做抽奖活动，先是抽中了茶颜悦色的粉丝，再一次抽中了星巴克的粉丝，而后又抽中了 CoCo 奶茶的粉丝。娱乐博主"柚子娱乐"扒出喜茶多次"错付"友商粉丝的事件，发起话题"# 喜茶又错付了 #","嘲笑"喜茶。面对博主的"嘲笑",喜茶很淡定,顺利接下了这个话题,它与微博抽奖平台互动,要求对方给出一个合理的解释,并自嘲终究是"错付"了。很快各个友商企业开始对喜茶"错付"友商粉丝事件"火上浇油"。

美团:"好险,还好我没抽到饿了么、盒马、每日优鲜。"

茶颜悦色官方微博:"阿喜还挺细心的,将每家小主都照顾好了。好评!"

海尔:"我来看看宝贝,你还好吗?"

南京先锋书店:"有一次先锋书店的官博抽奖赠书,结果抽中了该书作者本人。"

益禾堂:"下次是不是该我的粉丝了?"

在娱乐博主、喜茶官方、友商、粉丝的推波助澜下,"# 喜茶又错付了 #"的话题上了微博热搜。最终喜茶"错付"友商粉丝事件获得了七亿多次的曝光,进一步提升了喜茶的品牌知名度。喜茶更是借此事件宣扬了自己的品牌态度:服务好每一个顾客(即使是友商的粉丝)。这是一次典型的转危为机的营销活动策划。

案例解析

喜茶这一次活动策划属于借力使力,既然已经抽中了友商的粉丝,本想直接发奖品,没想到有娱乐博主来凑热闹,那就干脆自嘲一番(互联网的用户很喜欢品牌自嘲的模式),和粉丝互动起来,粉丝借势调侃喜茶,很快就把"# 喜茶又错付了 #"的话题送上了热搜,把一个小小的乌龙事件变成了一个促进粉丝互动的营销活动。

(1)借力营销可以事半功倍。喜茶肯定不是有意接二连三地抽中友商粉丝的,只是当意外来临时,既然娱乐博主扒出了"黑历史",那就不妨自嘲一下,尤其是这只是一种具有趣味性的小意外。喜茶选择借力使力,让用户讨论起来,让更多人知道这些"黑历史",反正也无伤大雅,正好借机营销,宣扬自己的品牌态度。

（2）自嘲人设在互联网上很受用户青睐。喜茶官方微博的回复很人性化,要求微博抽奖平台给一个合理的解释,一个俏皮的品牌形象跃然"网"上,让用户觉得很可爱。在互联网上类似的乌龙事件时有发生,考验的是运营人的思维能力和反应速度。面对类似的事件,最重要的是反应迅速,及时响应,机会往往会因为你花太多时间写出一个完美的活动方案而溜走。

（3）为用户互动添柴加火。既然自嘲已经起效,那么就趁热打铁,引导用户积极讨论喜茶"错付"友商粉丝事件,让舆论火热起来,让话题讨论度增加。因为类似的乌龙事件很多,并不是每一次事件都能爆火上热搜,所以活动策划人一定要敏感,如果本次事件在网络上有小火的趋势,这时候就要火上浇油,通过一些付费媒体与 KOL 再次传播,把活动效果最大化。

案例模板

喜茶"错付"友商粉丝活动策划方案

活动主题：喜茶又错付了。

活动时间：5 月 12 日。

活动目的：炒作"＃喜茶又错付了＃"话题,借力使力。

活动玩法：自嘲抽中友商粉丝事件,引发用户自发传播讨论。

活动预算：100 张 100 元面值礼品卡券,用于 KOL 传播。

活动分工：活动分工如表 4-3 所示。

表4-3　喜茶"错付"友商粉丝活动分工表

喜茶"错付"友商粉丝活动分工表		
工作大类	工作内容	截止时间
借力使力，抓热点	此活动不需要做方案，被娱乐博主扒出来"黑历史"后，要能够抓住热点，理出简单的应对思路，根据内容发酵的进展情况实时调整应对方案。	越快越好
活动执行	（1）发布活动微博文案，本次互动活动全程是文案互动（减少审核流程，快速回应）。 （2）找 KOL 继续讨论此话题，把"# 喜茶又错付了 #"送上热搜。	活动期间
活动复盘	（1）传播效果统计（实际传播曝光数据）。 （2）上热搜链路经验总结，以便用于下一次热点事件。	活动结束后 1 周

方案撰写要点

此活动方案有两个要点。第一个要点是及时、快速地响应，根据事件的发展，实时调整自己的文案与话术，甚至是传播策略、活动策略。第二个要点是要引发二次传播，一旦发现活动有火爆的苗头和趋势，建议迅速投入相关的媒介预算（如找 KOL 助推转发），快速引爆这个话题，争取流量最大化。这时候，就建议在媒体资源库储备 KOL 资源，尤其是能够随时合作的。公司内部也要为这种合作模式提供相应的流程，比如为合作预算设置一个快速审批通道，或者可以授予活动策划人一定的预算权限，先执行后审批。

🌑 公益环保：星巴克自带水杯免费喝咖啡

案例概述

4 月 22 日是世界地球日，星巴克为鼓励用户减少使用一次性纸杯，为地球环保事业做贡献，鼓励用户自带水杯，并可免费装一杯咖啡。活动时间仅限当天上午 11:00 到 12:00。

案例解析

（1）活动规则清晰，避免被薅羊毛。每次有类似的免费续杯活动，用户都是兴致勃勃地想要去薅羊毛，最后都是无功而返。因为这类活动一般活动规则都很清晰，比如活动时间就是在极其有限的 1 个小时内（等到用户知道这个活动，再出发前往星巴克，活动已经结束了），咖啡容量也有限制（一般一杯咖啡的容量为 330 mL），咖啡品类也会有所限制。

这类活动如果活动规则不清晰，就很容易被薅羊毛。比如，如果没有明确规定咖啡的容量，用户可能就带着一个水壶来装咖啡，门店到底是给还是不给？给吧，经不起这么大容量的赠送（尤其是用户一旦在微信朋友圈传播，羊毛党就会蜂拥而至，因活动规则不清晰导致损失的活动不在少数）；不给吧，用户就会在网络上曝光，品牌声誉受到影响，好好的活动，可能变成坏事，甚至变成公关危机。这类活动看似简单，但清晰明了的活动规则是重中之重。

（2）星巴克的活动总是做得既"高冷"又有温度。这很符合星巴克的品牌形象。星巴克的营销活动往往是独树一帜的，不蹭大家都在蹭的热点，而是选择大家意想不到的时间节点，例如世界地球日。人们总是能感觉这个品牌的格调很高，不轻易做满减、降价的活动，相反，星巴克总是在一些意想不到的地方策划一些有温度的活动，给人惊喜。星巴克热衷于公益活动，这与它的创始人也有关系，创始人认为企业应该承担一定的社会责任。

（3）互联网的二次话题传播。每次星巴克举办类似活动的时候，网络上总会出现各种各样的搞笑版本。例如，个别用户带着饮水机桶去星巴克喝免费咖啡。有时候星巴克有凭准考证免费喝咖啡的活动，网友们自己手绘的千奇百怪的准考证，说自己凭着这样的准考证薅到了星巴克的羊毛（这也是星巴克官方引导的）。

这就是星巴克的互联网二次话题传播，这些话题可能是网友自发传播的，也可能是星巴克提前安排 KOL 做宣传。这种有趣的内容很容易在网络上得到二次传播和讨论，这样线下活动就不仅仅只局限于门店了（门店能够辐射到的用户量太少了，即使活动再有创意，也仅限那么几个人参与），一旦在互联网传播，活动价值就会呈现几何式增长的效果。

案例模板

星巴克世界地球日免费喝咖啡活动策划方案

活动主题：星巴克请你喝咖啡。

活动时间：4 月 22 日上午 10:00—12:00。

活动目的：树立星巴克环保的品牌形象。

活动玩法：用户自带水杯即可在星巴克门店免费获取一杯咖啡。

活动规则：

　　（1）仅限 4 月 22 日上午 10:00—12:00。

　　（2）一杯咖啡的容量为 330 mL。

　　（3）仅限指定的新鲜滴滤咖啡。

活动门店：全国星巴克门店。

活动预算：50 万元（主要用于媒体的二次话题传播）。

活动传播方案：

　　（1）星巴克自媒体平台。

　　（2）门店物料宣传。

　　（3）KOL 二次传播。

活动分工：活动分工如表 4-4 所示。

表 4-4　星巴克世界地球日免费喝咖啡活动分工表

星巴克世界地球日免费喝咖啡活动分工表		
工作大类	工作内容	截止时间
活动方案撰写	活动方案汇报和预算申请（此活动方案较为简单，预算也不高，整体方案难度较低）。	活动前 2 周
活动准备	(1)线下门店活动传播素材设计（展架）。 (2)线上传播素材准备（海报、文案等）。	活动前 2 周，如物料需要配送到各门店，建议提前 1 个月
门店触达	（1）线下门店活动下达（因活动较为简单，员工不需要做培训，通过邮件形式告知门店即可）。 （2）活动物料配送（建议门店就近制作，向门店发布设计稿即可）。	活动前 1 周

续表

星巴克世界地球日免费喝咖啡活动分工表		
工作大类	工作内容	截止时间
活动执行	（1）活动自媒体传播预热。 （2）活动当天监控门店执行效果，要求门店提供活动照片（顾客来领取免费咖啡的照片）。 （3）活动结束后，媒体平台二次传播本次活动，宣传星巴克品牌理念。	预热建议提前 2～3 天，二次传播建议在活动结束后 1 天内完成
活动复盘	（1）活动线下门店执行情况复盘（实际到店领取顾客，活动效果等）。 （2）活动传播效果复盘（活动曝光量、二次传播效果等）。	活动结束后 1 周内

方案撰写要点

此活动前期都是比较简单的，就是免费送咖啡活动，但是要让这个活动看起来很有格调，或者具有趣味性，则是此活动策划的重点。活动结束后的媒体二次传播直接决定了用户对于这个活动的认知。

星巴克选择在世界地球日做活动，显然是想凸显品牌的环保理念和社会责任心，这是一次偏向于宣传品牌的高端定位的公关活动，因此二次传播的基调就是多宣扬星巴克的品牌责任感。星巴克也有凭准考证免费喝咖啡的活动，这次活动的基调是趣味性，那么后期二次传播的内容就要更具有趣味性（例如网友创作的手绘准考证）。

万千宠爱：寻找中国锦鲤

案例概述

　　"锦鲤"已经成为活动中常见的名词了，商家都喜欢用"锦鲤"来代表中奖幸运儿。"寻找中国锦鲤"是支付宝的一个微博抽奖活动，让"锦鲤"一词彻底火遍了全国。活动规则非常简单，转发微博，即有机会成为"中国锦鲤"，一人独享大奖"中国锦鲤全球免单大礼包"，奖品有实物奖品，如 iPhone、UGG 雪地靴、化妆品、法国高级定制鞋子等；有虚拟奖品，如酒店旅行套餐，去北海道看雪，去美国考直升机驾照；还有优惠券、折扣券。这些奖品加起来总价值超过 1 亿元。当时，中奖的网友"信小呆"从一个粉丝数只有 600 的微博路人一跃成为微博红人，粉丝数一下子超过 159 万。她原本也只是随手转发了一条微博，没想到中了奖，这次转发和中奖彻底改变了她的人生轨迹。

案例解析

　　（1）好活动的第一个基本要素就是参与门槛低。这个活动玩法非常简单，简单意味着参与门槛低，正如中奖者"信小呆"说的，原本只是随手转发微博而已，没想到自己成为"锦鲤"。参与活动没有成本，奖品又极具诱惑力，活动自然就能吸引大量用户参与，可以说这是一个以小博大的玩法，而且当时把超级大奖集中给一个人的玩法还是第一次在微博出现。本次活动最终撬动了 300 多万名用户参与。

（2）奖项极具诱惑力，深刻洞察年轻人的喜好，实际成本低。奖品号称价值1亿元，聚集了各类时尚品牌尖货，吃喝玩乐一条龙，能让人体验各种生活方式，可以称得上年轻人梦寐以求的一种生活了。实际上，支付宝在策划这个活动时付出的成本是较低的，大部分奖品都由各大品牌赞助，最终实现双赢，商家借助这条微博巨大的转发量实现了曝光，支付宝借助商家提供的奖品实现了聚集效应，通过小成本撬动了资源，一下子引爆了这个活动，不仅在微博转发量超过300万次，后续更是引发了媒体的二次传播。

（3）这就是典型的用普通的活动形式创造亮点的案例。这次活动的形式极其普通，是几乎每个微博运营项目都在做的转发抽奖活动。微博每天都有成千上万个类似的转发抽奖活动。同样是转发抽奖，支付宝这次策划的活动却火遍了中国，成为一个经典的活动案例，甚至"锦鲤"一词直到现在还被频繁用在活动中，可见这次活动的影响力之大。在普通的活动形式中创造亮点，有时候只需要做一些简单的调整。支付宝集中力量办大事，把奖品价值无限放大，奖项极具话题性，活动的热度就来了，转发量也增加了，活动就被彻底引爆了。做活动有时候不需要绞尽脑汁地想创意，重要的是洞察用户需求，改变一些普通活动的玩法，把活动门槛降低，有时候会有意想不到的效果。

案例模板

"寻找中国锦鲤"微博活动策划方案

活动主题：寻找中国锦鲤。

活动时间：10月1—7日（10月7日微博开奖）。

活动目的：借助本次活动宣传支付宝出境游支付页面。

活动玩法：转发本条微博，用户即有机会获得"中国锦鲤全球免单大礼包"。

活动预算：100万元（价值1亿元的礼品大部分由商家赞助，支付宝只需采购部分实物礼品）。

预计活动参与人数：300多万人。

活动传播方案：活动前期微博自发传播，借助价值1亿元礼品的话题引发媒体二次传播。

活动奖品清单：因礼品涉及较多，而且由商家赞助，需要单独做表格对礼品进行管理，清点商家实际愿意赞助的礼品有哪些，具体领取规则是怎么样的。

活动分工：活动分工如表4-5所示。

表4-5 "寻找中国锦鲤"微博活动分工表

"寻找中国锦鲤"微博活动分工表		
工作大类	工作内容	截止时间
活动方案撰写	（1）活动方案撰写，内部汇报立项（活动涉及较多商家赞助和礼品预算，也许需要跨部门协调，内部需要汇报和立项，方便后续推进）。 （2）活动预算汇报和审批。 （3）活动礼品清单规划和设计（如何设置礼品清单是这个活动的关键和重点）。	活动前2个月
商家洽谈	商家洽谈，确认赞助礼品与礼品使用规则（这部分是琐碎又复杂的工作，建议要有专项表格进行管理和确认等）。	活动前2个月
活动准备	（1）活动礼品采买。 （2）活动规则确定（尤其是礼品使用规则必须有说明，因为礼品涉及各种各样的权益，不同的权益有不同的规则）。 （3）活动页面准备，核心是礼品清单图。 （4）活动微博文案准备。	活动前1个月

续表

"寻找中国锦鲤"微博活动分工表		
工作大类	工作内容	截止时间
活动执行	（1）发活动微博，监控活动数据。 （2）找 KOL 转发活动，在微博助推（提前采购 KOL 资源转发活动）。 （3）公布中奖名单，兑换奖品。 （4）活动结束后，出活动通稿，找媒体二次传播转发，找 KOL 二次传播活动。	活动期间
活动复盘	（1）活动微博数据，如曝光量、转发量等。 （2）活动二次传播曝光数据。	活动结束后1周

方案撰写要点

这次活动看似是简单的微博转发抽奖活动，实际上策划难度非常大，落地执行难度也很大。本方案最大的难点在于与商家洽谈，要说服那么多商家拿出真金白银来为这个不知是否会火的活动投入，是比较困难的。其次是价值1亿元的礼品的采购、赞助、确认等，有些需要商家赞助，有些需要采购，各种类型的权益混合在这张礼品清单中，可见工作量、谈判难度、管理难度都不小。

媒体传播也是此方案的重点，在活动开始前要大面积预热本次活动，为吸引用户参与积蓄力量（那么多奖品已经就位，若只有寥寥几人参与，就是一个失败的活动）。活动结束后需要媒体二次传播，让整个活动更深入人心。（不过就实际结果来看，显然"寻找中国锦鲤"微博活动的媒体二次传播大部分都是自发行为，"锦鲤"也被反复引用和提及。）

第 5 章
用户获取

　　活动是用户拉新的一个很重要的手段，用户拉新活动也是最容易衡量投入产出比的一种活动类型。企业在策划用户拉新活动时，往往都会用单用户成本来衡量活动的效果，定期审视用户质量，但是前期更看重用户获取成本。本章选取拼多多现金红包裂变活动、瑞幸咖啡"邀请好友喝咖啡，自己免费得一杯"的咖啡活动、一分钱抽万元礼包活动、微信春晚"摇一摇"抢红包活动、开卡送盒马鲜生购物卡活动这 5 个案例来谈一谈用户拉新活动。

拼多多：100 元现金免费拿裂变拉新

案例概述

拼多多在裂变拉新上玩得非常得心应手，那些经典的裂变拉新活动很多都是在拼多多策划了现金红包裂变活动后才火爆起来的，比如 0 元拿礼品、砍价、拼团，在拼多多之前谁能想到用户会为了这些利益这么疯狂呢？这种裂变拉新活动的用户体验极差，但在下沉市场这招却很管用，用户为了拿一个礼品可以发动身边所有人去点链接，从而间接带动拼多多 App 的下载量。

以下以拼多多现金红包裂变活动作为案例来分析裂变拉新活动如何做。

（1）高额现金红包诱惑。大部分人打开好友发来的红包链接，收到的都是 97 ～ 98 元的红包，离 100 元提现只差 2 ～ 3 元，这个额度设置给人一种赢得红包的门槛很低的错觉："我都完成了97% 的进度了，另外 3% 的进度还不好完成吗？"

（2）大额拆红包，让你感觉胜利就在眼前。邀请好友拆红包，前面几个好友能拆出 0.5 ～ 1 元的红包，额度很高，几个好友拆完红包后金额已经变成 99.7 元了，让人感觉 100 元现金唾手可得。

（3）好友拆红包的额度逐步递减，到后面，每个好友只能贡献 0.01 元的红包额度，也就是说为了拿到 100 元，用户需要让200 ～ 300 位好友参与这个活动。当然也有比较过分的活动玩法设置，用户助力量多大没有底线。

（4）活动结束，红包现金到账。

案例解析

毋庸置疑，这个活动是真实有效的，确实有拿到 100 元现金的人。拼多多这个活动的设计逻辑本质上是用 100 元现金裂变拉新 200～300 个用户，这对拼多多来说一点都不亏，这是活动的底层逻辑。

（1）准确理解用户。拼多多一开始就是针对下沉市场，以"农村包围城市"的路径发展起来的，它的用户对于现金、0 元拿礼品这类活动敏感度很高，即使后来大家都知道拿 100 元要拉 200～300 个用户，甚至更多，还是有很多人对这个活动乐此不疲。对有些人来说赚 100 块钱的难度远高于拉 200 个好友，还不如贡献自己的时间和好友关系（有人认为，好友不过就是帮助自己点一下链接，这是举手之劳，不算麻烦好友）。

（2）成本预算可控。目前付费流量的一个展示位置的单次点击成本在 1～2 元（对于不同的品类、设计图、投放人群，成本也有所不同），大部分电商平台获取一个粉丝的成本在 0.2～0.5 元。算一算拼多多这笔账，100 元按照至少裂变 200 个用户算，吸引一个用户点击链接的成本最多是 0.5 元，因为中途会有大量的用户放弃参与活动。100 元红包嫁接的是拼多多的产品集合页面。对拼多多来说，0.5 元带来了一次商品页面的点击以及部分用户参与活动。这么一算，100 元发给用户作为现金激励红包自然比投放广告效果好。

既然这种裂变拉新活动高效且能直接触达用户，成本还低，所有的广告预算都投入裂变拉新活动不就好了吗？这当然不行，因为活动不一样，要达到的目的也不一样，这类活动会让用户体验感极差，对于针对高端用户的品牌来说，投放广告更好，这是品牌的策略问题。同时策划类似的裂变拉新活动需要满足以下两个条件。

第一，裂变工具有效且使用流畅，还要保证不失效。现在市面上的裂变小工具虽多，但是大部分工具的用户体验极差，而且不能为活动定制功能，导致有很多公司策划的裂变拉新活动最后参与人数少，活动效果差；还有一部分公司的产品是嫁接在第三方平台上的，所有的活动都受制于第三方工具的完善程度，自己则很难开发裂变工具。拼多多不一样，活动完全嫁接在自己的App平台上。

第二，用户消费高频，决策成本低。比如快消品品类就适合裂变拉新活动，裂变的过程中，用户就会冲动消费。耐消品通过裂变快速产生流量就很难，最多只能积累用户，如3C品类。这类用户早就想好购买商品的配置、预算等，不容易受到裂变拉新活动的影响，也不容易冲动消费。我们可以观察到，现在玩得比较好的裂变拉新活动的品类基本上都属于快消品领域。

案例模板

拼多多现金红包裂变活动策划方案

活动主题：100元现金红包免费拿（突出活动核心利益点，激发用户参与欲望）。

活动玩法（活动规则仅限内部程序开发参考）：

（1）邀请300位好友拆红包，即可提现100元现金。

（2）第一个红包价值在96～97元。

（3）前3位好友拆红包总和为2元，每个人金额随机不等。

（4）从第4位好友开始，老用户仅能拆金额为0.01元的红包，新用户拆红包金额为0.02元。

活动预算：100万元。

活动时间：1月1—31日（活动周期建议在2～4周，有些活动的生命周期往往只有1周）。

活动页面UV（Unique Visitor，独立用户）：300万～400万（100万元预算分配给1万个用户，裂变出200～300个UV，另有部分中途放弃参与活动的用户，约为100个UV，预计有300～400万个UV）。

活动GMV：400万元。

活动参与人数：1万（拿到现金的用户）+60万用户（被辐射到的200万个UV×30%参与率）。

活动ROI：单用户参与成本为0.5元，单页面点击成本为0.5元，投入产出为1:4。

活动分工：活动分工如表5-1所示。

表5-1　拼多多现金红包裂变活动分工表

拼多多现金红包裂变活动分工表		
工作大类	工作内容	截止时间
活动方案撰写	（1）活动方案汇报和立项。 （2）活动预算申请和审批。	活动上线前2个月
活动交互逻辑	（1）活动交互逻辑图（因涉及程序开发，需要做交互逻辑图）。 （2）活动交互逻辑素材（文案、按钮、素材）。	活动上线前1个月
活动程序开发	（1）根据交互逻辑开发程序。 （2）上线前优化测试程序（现金类红包尤其要做好测试环节，在正式活动中，一旦出现Bug，大量红包会被薅羊毛，那将会损失惨重）。	活动上线前1周

拼多多现金红包裂变活动分工表		
工作大类	工作内容	截止时间
活动传播	App 内部资源位盘点，上线时间锁定（裂变活动主要是依靠用户自发传播，需要依靠 App 自身流量做冷启动）。	活动上线前 1 周
活动监控	（1）活动流量。 （2）红包领取的流速（对红包尤其要进行仔细监控，出现异常要及时跟进问题）。	活动期间
活动复盘	（1）活动效果复盘，实际费用结算，计算 ROI，尤其是要测算活动用户获取的性价比。 （2）活动执行中的优势和不足。	活动结束后 1 周内

方案撰写要点

在这个活动方案中，最重要的是 ROI 的测算和用于程序开发的逻辑图。

ROI 的测算直接决定了这个活动的成功与否。要设计到底邀请多少好友点击活动链接才能真正拿到现金红包，好友人数不能多到让用户不想参与，否则就会大大降低用户参与的热情；也不能少到让用户轻易就能拿到红包，这样流量获取成本就会大大提高，使这个活动的投入成本增加。在第一次活动时，ROI 的测算往往会有所偏差，后续做活动则会相对容易得多，可以根据历次活动数据做预估。

用于程序开发的逻辑图是整个程序开发的大纲。活动应该怎么设计、怎么玩已经在活动方案里得到明确，但是在程序上实现起来依然有一定的难度，这时候就需要把一步步的程序实现过程写清楚。

瑞幸咖啡：邀请好友喝一杯咖啡拉新

案例概述

瑞幸咖啡作为新兴咖啡品牌，在星巴克咖啡深入人心的时代能够异军突起，快速抢占市场份额，瑞幸咖啡的"邀请好友喝咖啡，自己免费得一杯"的拉新策略功不可没。当时，"邀请好友免费喝一杯，自己免费得一杯"的印象深入人心。

具体的活动邀请流程如下。

（1）分享瑞幸咖啡的邀请好友喝咖啡链接给好友。

（2）好友（必须为瑞幸咖啡的新用户）注册即可获得一杯免费咖啡券。

（3）好友成功在瑞幸咖啡门店领取首杯免费咖啡。

（4）邀请任务达成，邀请人即可获得免费咖啡的奖励（奖励可累加，只要你能一直邀请新用户，就可以一直免费喝咖啡）。

这个活动是瑞幸咖啡的核心拉新策略，从 App 的重要资源位到付费广告的投放，瑞幸咖啡一直让这个活动深入人心。

案例解析

这是一个经典并且被验证有效的用户拉新策略，拉新成本可控，用户参与意愿强。这个策略帮助瑞幸咖啡快速崛起，获取了大量的新用户。喝咖啡本来就具有强社交属性，邀请朋友喝一杯咖啡即可免费得一杯咖啡的活动，符合喝咖啡人士的社交习惯（一般很少有人一个人喝咖啡，人们喝咖啡一般都约上好友一起去）。

（1）拉新成本可控，是让这个拉新活动持续做下去的最根本的原因。一杯咖啡对用户来说要 20 ～ 30 元，对于瑞幸咖啡来说成本几乎可以忽略不计，因为门店员工和房租、设备都是现成的，没有活动也会产生成本（在拉新策略里可以忽略不计，不应该算折旧成本），咖啡的物料成本较低，一杯咖啡的成本不超过 5 元，那么对瑞幸咖啡来说就是可高效使用的资产，用极低的成本来做大量的拉新活动，这就是一个很优秀的活动策略。现在很多 App 获取新用户的成本高达 200 元左右，看看银行为获取信用卡的新用户，开卡送的礼品（如行李箱、超市购物卡）价值有多高，就知道用户拉新的成本有多高。瑞幸咖啡的这个拉新活动的成本是两杯咖啡（邀请人和好友），付出的现金成本不超过 10 元，算上人工、店面、设备等成本也不超过 20 元。

（2）这个活动为邀请方和被邀请方提供双向价值。很多裂变拉新的活动中，被邀请人都是被动付出方（如砍一刀），只有活动发起方才能得到活动利益。瑞幸咖啡的活动方案则是双方都可以免费获得一杯咖啡，这样邀请人邀请别人时也更有动力。邀请的说辞可以变成："瑞幸有免费的咖啡喝，你领了吗？没领的话，我给你一个链接。"虽然第一杯咖啡免费是瑞幸咖啡为新用户提供的，和邀请人是否邀请没有关系，但是实际上活动给人一种双方都可以获利的感觉，让双方都有邀请好友喝咖啡的动力。

（3）瑞幸咖啡的活动少而简单，重点突出，当时这个拉新活动深入人心，几乎人人都是瑞幸咖啡的推荐人。瑞幸咖啡有很多商品折扣活动，但是不会大力推广这些活动，只有用户点单时才会发现（折扣券主要用于促进用户活跃）。对于邀请好友喝一杯咖啡的活动，瑞幸咖啡在各个资源位进行重点推广，比如 App 的开屏、弹窗、醒目的 Banner 位置、腰封都对这个活动进行推广，反复宣传与展示"邀请好友喝咖啡，自己免费得一杯"的活动，让这个活动随处可见，用户看到后点进去就可以参加这个活动，久而久之，这个活动就深入人心了。

（4）除了公司内部资源重点推广外，瑞幸咖啡还投入了大量的广告预算推广自己的拉新活动。根据当时采访瑞幸咖啡的 COO 的资料，瑞幸咖啡主要以门店为中心，在周围大量写字楼投放了电梯广告和微信的 LBS 广告（以门店为中心，一定范围内的白领用户都是瑞幸咖啡投放广告的目标客户）。大量外部广告资源的投入就好像是一个加速器，让一个原本不错的活动能够快速起势。

大量的外部广告资源投入产生了源源不断的新客。App 只重点宣传这一个拉新活动，让用户对活动一目了然，能够有效转化广告用户。活动形式是邀请方与被邀请方互惠互利的形式，让用户的参与积极性极高，成本可控是整个活动得以持续的关键。

案例模板

瑞幸咖啡"邀请好友喝咖啡，自己免费得一杯"活动策划方案

活动主题：邀请好友喝咖啡，自己免费得一杯。

活动玩法：

（1）把邀请好友喝咖啡活动链接转发给好友。

（2）好友可通过你的链接进行注册，成为瑞幸咖啡的新用户，并且到店免费领取一杯咖啡。

（3）你的一杯免费咖啡的奖励到账，你可以随时去门店兑换。

活动预算：1000 万元（此数据不具备参考价值，仅做示意）。

活动时间：1月1—31日（此类活动虽然长期有效，但是公司内部活动执行一般是以月为单位，一方面是为了方便审批、做预算、分析用户数据等，另一方面会根据数据进行活动的优化迭代）。

活动拉新用户：100万App注册新用户（按照每个用户获取成本为10元计算）。

活动传播方案：

（1）以门店为中心的5公里范围内的电梯广告＋微信LBS朋友圈广告。

（2）内部App核心资源位，重点推广此活动。

活动分工：活动分工如表5-2所示。

表5-2　瑞幸咖啡"邀请好友喝咖啡，自己免费得一杯"的活动分工表

瑞幸咖啡"邀请好友喝咖啡，自己免费得一杯"的活动分工表		
工作大类	工作内容	截止时间
用户群体分析	用户群体分析与洞察（此项工作在这个活动中至关重要，不一定每个活动都需要做用户群体分析，但是这个活动需要深刻理解用户的行为，才能策划出促进用户自发传播的活动）。	长期
活动方案撰写	（1）活动方案设计和撰写。 （2）活动方案汇报和审批。	活动上线前2个月
活动交互逻辑	这个活动邀请好友喝咖啡，需要借助程序实现（大部分好的用户拉新裂变活动基本上都是基于品牌自有App实现，自有App对于活动的玩法设计具有更强的主导性，其他借助于第三方平台和工具的活动往往有很多限制，最终好的想法不能被完全实现，变成一个失败的活动）。	活动上线前1个月
活动程序开发	（1）根据交互逻辑开发程序。 （2）上线前优化测试程序。	活动上线前1周

续表

瑞幸咖啡"邀请好友喝咖啡，自己免费得一杯"的活动分工表		
工作大类	工作内容	截止时间
活动传播	（1）外部写字楼电梯广告采买。 （2）微信 LBS 广告投放。 （3）App 内部资源位盘点，上线时间锁定。 （在这个传播方案中，外部的声量会变成 App 的流量，最终促进 App 自裂变。）	活动上线前 1 周
线下门店 活动培训	对线下门店员工进行活动培训，以更好地承接线上流量，此活动最终是在线下门店闭环的。	活动上线前 1 个月
活动监控	（1）活动流量监控。 （2）线下门店执行监控。	活动期间
活动复盘	（1）活动效果复盘，实际费用结算，计算 ROI，尤其是要测算活动用户获取的性价比。 （2）总结活动执行中的优势和不足，迭代下一个活动版本。	活动结束后 2 周内

方案撰写要点

这个活动看似和拼多多的现金红包裂变活动相似，就执行过程来看，两者可以说是两个完全不同的方案。

这个裂变拉新方案有两点很重要。第一个是活动传播方案，涉及外部媒介资源的采买、资源的组合利用与时间的配合。传播不仅要靠内部资源，还要借助外部媒介资源，让这些媒介资源成为整个活动的"燃料"。第二个是线下门店的培训环节，因为最终所有的线上活动是需要在线下门店完成的，线下门店是最后一环，也是最重要的一环。线下门店如果做不好，那前面辛辛苦苦拉来用户的努力就会付诸东流，所以在这个方案里，必须有线下门店的培训环节，要告诉门店怎么接待这些客户，如何核销卡券。

以小博大：一分钱抽万元礼包

案例概述

以小博大是所有赌徒的心态，也是用户乐此不疲参与的游戏，正如有人喜欢花 2 元买彩票，1 分钱抽万元礼包这个活动的策划人很好地利用了用户以小博大的心态。这是一个购物平台 App 拉新的活动，因为客单价较高，用户首次在这个平台下单的决策成本很高（绑定银行卡、产生购物行为）。基于以上两点，这个 App 的活动运营者策划了一个 1 分钱抽万元礼包的活动（万元礼包是实物礼品，而非虚拟卡券类礼品）。

案例解析

对于支付类 App 来说，这是一个拉新的好活动。对于这类 App，用户完成首单付款行为是用户生命周期中里的第一个环节，这对用户运营来说很重要。用户完成支付行为意味着绑定了银行卡信息，填写了个人信息，用户对这个 App 有最起码的信任感（大部分人在涉及绑定银行卡的行为上都是很谨慎的）。有支付行为和没有支付行为的差距不是一星半点。

在这个活动中，1 分钱的设置是活动的关键。1 分钱抽奖的活动对于用户来说，意味着在这个 App 下单的决策成本降低了一半。因为不需要做是否购物的决策，1 分钱对于用户来说几乎等于不要钱，用户只需要决定要不要信任这个 App，只需要做是否绑卡的决策，再加上万元礼包的礼品激励，用户以小博大的心理往往会战胜不信任 App 的心理，最终顺利完成在 App 上的第一次支付行为。如果需要用户真的在 App 上购买产品来完成第一笔订单，则意味着用户的交易成本进一步增加。这需要达成两个条件，用户信任这个 App 并且这个 App 的产品值得购买。

在这个活动案例中，核心是把复杂的购物行为拆解成两小步。先促使用户完成绑卡和个人信息填写，买不买不要紧，只是获得一个抽奖的机会。等用户真正在这个 App 进行支付，用户运营下一步的工作则是对用户进行引导："我们的产品非常值得购买，你不妨试一试。"等下次要购物时，用户已经完成了注册，只需要决定是否购买产品就行，那么成交的概率就大大增加了。这就是为什么那么多商家要千方百计地让用户完成付款的行为，付多付少其实不要紧。

用户生命周期管理是一整条路径，每一条路径中用户都有不同的行为和心理，活动策划人应该根据用户当前阶段的特点设置促进用户转化的活动，这就是活动对于用户运营的重要意义。

案例模板

1 分钱抽万元礼包活动策划方案

活动主题：1 分钱抽万元礼包。

活动时间：每月一期（以自然月为单位）。

活动目的：让 App 存量用户完成首单支付行为（本次活动核心不是 App 拉新，而是针对存量用户进行促活）。

活动玩法：

（1）每月 1 号抽取 1 位幸运用户赠送万元礼包。

（2）在抽奖当日从上个月内购买 1 分钱抽奖礼包链接的所有

用户中随机抽取获奖用户。

活动预算：1 万元（每月 1 万元，每年 12 万元）。

预计活动参与用户：每月 1 万＋（单用户获取成本 1 元）。

活动传播方案（核心为触达用户，主要使用 App 本身资源进行传播）：

（1）App 首页 Banner 资源位、App 首页弹窗。

（2）App 推送（Push）资源进行用户触达。

（3）App 针对用户进行私信触达。

万元礼包清单：

（1）某品牌手机（价值 4999 元）。

（2）某品牌电视机（价值 2999 元）。

（3）扫拖一体机器人（价值 3999 元）。

活动分工：活动分工如表 5-3 所示。

表 5-3   1 分钱抽万元礼包活动分工表

1 分钱抽万元礼包活动分工表		
工作大类	工作内容	截止时间
活动方案	（1）活动方案设计和撰写。 （2）活动方案汇报和审批。 （此活动相对简单，不涉及程序开发，活动整体投入预算较少，方案汇报和执行的环节相对较短，核心在于落地执行。）	活动上线前 2 周
活动准备	（1）抽奖商品链接。 （2）App 活动素材（Banner 位置、首页、推送文案等）。 （3）活动规则准备（活动规则较为重要，以防引发客户投诉）。	活动上线前 1 周
活动监控	（1）活动流量监控。 （2）每月定期活动抽奖、公示、发奖。	活动期间

1分钱抽万元礼包活动分工表		
工作大类	工作内容	截止时间
活动复盘	此活动玩法简单高效，ROI 高，优化迭代的空间有限，复盘不是重点。	活动结束后 1 周内

案例撰写要点

此活动方案比较简单，核心在于落地执行，并且能够持之以恒。此活动较为重要的关键点在于活动规则要公开、透明，尤其是抽奖的工具（如果被用户认为已经有内定中奖名单，就会大大降低用户参与活动的意愿程度）。

一战成名：微信春晚"摇一摇"抢红包

案例概述

2014 年微信支付借助春晚"摇一摇"抢红包活动一战成名，从此在春晚上派发红包成了互联网巨头必争的兵家之地，"得春晚红包者得用户"。根据腾讯公布的数据，2014 年有超过 800 万用户参与微信的春晚抢红包活动，微信支付在短短 2 天内绑定了 2 亿张个人银行卡，使支付宝如临大敌。2015 年，微信再度联手春晚展开"摇一摇"抢红包活动，这轮春晚红包发放为微信支付带来 2000 万新增用户，除夕当晚"摇一摇"互动总量达 110 亿次，红包总量超 10 亿个。活动玩法非常简单，春晚期间根据主持人提示，用户打开微信"摇一摇"界面即可抢红包。

案例解析

这是微信支付的关键之战，也是逆袭之战。这个活动的玩法非常简单，但是，从前期的投入和后期取得的效果来看，这实实在在是个大项目，可以说改变了线上支付的格局。那么，此活动有哪些关键点呢？

（1）春晚这个大流量池是本次活动成功的关键。春晚辐射到的观众群体非常多，收视率远不是日常的电视节目可以比的。在微信春晚"摇一摇"抢红包活动之前，春晚的广告主要是竞争标王，也就是赞助冠名，春晚的广告标王成就过很多品牌，让很多品牌一炮而红。2014年微信"摇一摇"抢红包活动改变了春晚的广告形式，在春晚派发红包成为互联网企业争夺的广告阵地。对于以争夺全中国用户为目标的微信支付，春晚的用户群体量足够多，也只有春晚这一时段能把那么多用户聚集在一起收看同一个电视节目，也就使得微信支付的"摇一摇"抢红包活动能够覆盖到那么多用户。

（2）抢红包成为刺激用户的关键活动。微信春晚"摇一摇"抢红包大受欢迎，一方面是它迎合了春节期间派发红包的习俗，另一方面是它激发了人们面对游戏、红包刺激时难以抑制的兴奋和欲望。现金红包被游戏化，又是在发红包氛围恰逢其时的春节期间，一下子就把人们的欲望给激发出来了。掉在地上的一毛钱没人捡，人们却在微信乐此不疲地抢5分钱红包。

（3）活动玩法简单，男女老少皆宜，参与活动几乎没有门槛。"摇一摇"抢红包活动非常简单，无论是三岁的小孩，还是七八十岁的老人，拿着一个手机摇一摇都是会的。因为活动玩法简单，一传十、十传百，基本上每个人都会带动身边的人"摇一摇"抢红包，尤其是一家人坐在一起看春晚时，年轻人更是天然的自发传播者。

（4）绑定个人银行卡是关键一步。想要把微信红包提现或者发更多的微信红包，就需要绑定银行卡。对许多年纪比较大的群体来说，绑定银行卡是比较复杂的一步，但是因为有提取红包的激励，或者是在群里发红包的社交需求，即使是困难复杂的一步，他们也非常乐意去做，若自己不会做，就让年轻人帮他们。2014年短短两天，微信支付就绑定了 2 亿张银行卡，就是最好的证明。

（5）程序开发是辅助，洞察人性才是根本。据说在微信春晚"摇一摇"抢红包活动之前，微信支付团队内部有很多发红包的活动方案，都被否决了。只有"摇一摇"抢红包这个主意出来时，才被大家认可，因为微信支付本来就有类似的功能，开发抢红包这个程序对于微信支付团队来说是相当简单的。所以在这类大型活动中，程序开发是一个辅助型的工作，是为了更好地实现活动玩法而存在的，一个活动要真正出彩，还是要洞察人性。

（6）活动长尾效应在春节期间持续作用。春晚期间活动参与人数是 800 万，但是后续短短两天内银行卡绑定张数是 2 亿，说明微信春晚"摇一摇"抢红包活动很有刺激性，很多用户还在自发进行抢发红包的行为，进而带动了更多用户使用微信支付并绑定银行卡。相当于滚雪球，活动效果越滚越大。

案例模板

微信春晚"摇一摇"抢红包活动方案

活动主题：春晚期间"摇一摇"抢红包。

活动玩法：在春晚期间根据主持人提示，"摇一摇"即可抢现金红包。

活动预算：6 亿元（5 亿元现金红包 +1 亿元广告预算投入）。

活动时间：2014 年 1 月 31 日（除夕晚上 20:00）。

活动目的：促使更多用户使用微信支付，绑定银行卡。

活动预计参与人数：参与人数 800 万，绑卡张数 2 亿。

活动 ROI：单用户获取成本 3 元（按照 6 亿元投入，获得 2 亿张绑定银行卡）。

活动传播：

（1）春晚强绑定，借助春晚收视率推广微信"摇一摇"抢红包活动。

（2）部分媒介资源提前传播。

活动分工：活动分工如表 5-4 所示。

表 5-4　微信春晚"摇一摇"抢红包活动分工表

微信春晚"摇一摇"抢红包活动分工表		
工作大类	工作内容	截止时间
活动方案撰写	（1）微信支付用户拓展活动方案。 （2）活动具体的玩法（抢红包、讨红包、领红包等）。 （据说此方案经过很多轮讨论，最终确定抢红包的玩法。）	活动上线前6 个月
春晚深度合作洽谈	（1）微信春晚"摇一摇"抢红包活动合作方案洽谈（功能如何实现、总体流程、活动预算等）。 （2）春晚资源需要提前锁定。	活动上线前3 个月
活动交互逻辑	（1）活动交互逻辑图。 （2）活动交互逻辑素材（文案、按钮、素材）。	活动上线前3 个月
活动程序开发	（1）根据交互逻辑开发程序。 （2）上线前优化测试程序（据说微信红包上线前，内部创建了各种群进行了测试，尤其是要上春晚这种大流量的活动，一旦出现 Bug，后果不堪设想）。	活动上线前2 个月
活动传播	（1）春晚资源盘点。 （2）大颗粒媒介资源采买并推广活动。	活动上线前2 个月
活动监控	（1）活动红包领取流速。 （2）活动参与人数。	活动期间

微信春晚"摇一摇"抢红包活动分工表		
工作大类	工作内容	截止时间
活动复盘	（1）活动数据复盘，抢红包参与人数，红包收发个数，红包总计绑定银行卡数量。 （2）活动效果。	活动结束后 1 个月

案例撰写要点

此活动看似玩法简单，实则是复杂的。活动方案不在于写得多好，重要的是能够抓准用户心理，找到最能击中用户内心的玩法。所以这个活动不是单独的一个项目，而是在一次次讨论和迭代中完善的。活动玩法一旦确定，后面就是活动方案的撰写和执行了。

此活动还有一个难点，就是与春晚合作。春晚的资源贵且覆盖面广，在春晚做"摇一摇"抢红包活动也是第一次，这个活动从洽谈沟通到最终落地，需要经过反复沟通、协调、确认，是一大难点。

务实地推：信用卡开卡好礼

案例概述

广发信用卡在盒马鲜生商超里搞地推开卡活动，广发信用卡新用户新开信用卡，即获赠无门槛 50 元盒马鲜生购物卡 +25 元优惠券（满 50 元可使用），外加赠送两箱纯牛奶。

工作人员在现场布置了一个展位，有简单的桌、椅、板凳和一个展架（主要用于活动宣传）。活动核心还是主要靠工作人员口头宣传，他们有一整套说辞，第一句话是"免费送 75 元盒马鲜生消费券，请了解一下"。先用这个开头来吸引用户的关注，一旦有用户对免费的盒马鲜生消费券感兴趣，他们就会展开下一步信用卡开卡的拉新策略，问客户是否有广发的信用卡，是否带了身份证。如果客户满足条件，就进一步介绍拥有广发信用卡的好处（吃喝玩乐的优惠政策），一直到客户在现场直接办理广发的信用卡为止。

案例解析

银行的信用卡拉新活动中，开卡礼都是很有吸引力的礼品。活动选择在人流量巨大的地铁站、商超等位置。地推拉新活动本身是很简单的，在人流量大的位置搞个展位，一两个工作人员向路过的人介绍自己的产品，以礼品为吸引用户的噱头，最终完成用户的拉新。礼品的选择、地理位置的选择会直接影响每次拉新的效果，不同的礼品、不同的位置往往能带来不同的效果。

（1）人群的选择。广发信用卡选择了进入盒马鲜生商超消费的用户。在盒马鲜生必须使用盒马 App 和支付宝才能完成支付，再加上盒马鲜生的客单价较高，在盒马鲜生消费的人大部分是年轻白领，消费能力强，也是广发信用卡的潜在用户，这就是正确的地推位置的选择。人群匹配度很重要，目标客户的选择对地推是很重要的，好的目标客户所在地往往让地推事半功倍。如果在一个目标客户不匹配的地方做地推，推广人员往往说得口干舌燥，也很难让用户心动。如果信用卡拉新活动选择老年人跳广场舞的地方，看似人流量很大，实际效果却很差，而且拉进来的用户质量不高（后续信用卡的使用活跃度也不高）。

（2）丰厚的开卡礼。大部分信用卡的开卡礼都是箱包，一开始还是很有吸引力的，大家为了一个箱包很愿意去开卡，但久而久之，大家就麻木了。广发信用卡这次的地推活动选择的是盒马鲜生的购物卡，这对于当下正在盒马鲜生购物的人来说，是可以帮助他们立马省下 75 元的，这种立即能够兑现的利益在心理上更能打动用户。

（3）用两箱纯牛奶做新用户激活，让他们首次登录广发信用卡 App，注册并完善个人信息。这相当于又完成了重要的一步用户运营工作，即用户的首次注册激活。两箱纯牛奶对大部分家庭都是刚需产品，牛奶不需要用户自己提回家，通过激活广发信用卡，可以选择快递到家，既解决了用户不方便把礼品提回家的问题，又成功让用户完成了信用卡激活，可谓是一举两得。

案例模板

开卡送盒马鲜生购物卡活动策划方案

活动主题：开卡送盒马鲜生购物卡。

活动时间：5 月 18—20 日（选择周末客流高峰期）。

活动地点：10 家盒马鲜生商超。

活动玩法：

（1）开卡即送 50 元盒马鲜生购物卡和满 50 元减 25 元优惠券。

（2）激活信用卡送两箱纯牛奶，送货上门。

活动预算：10 万元（单客户获客成本 100 元，预计新开卡 1000 人）。

活动场地：以采购盒马鲜生购物卡为交换，免费使用盒马鲜生商超内部场地。

活动宣传方案：

（1）盒马鲜生商超展位＋展架宣传。

（2）工作人员口头宣传。

活动分工：活动分工如表5-5所示。

表5-5　开卡送盒马鲜生购物卡活动分工表

开卡送盒马鲜生购物卡活动分工表		
工作大类	工作内容	截止时间
活动方案撰写	（1）确定活动地点和活动礼品。 （2）预计单用户拉新成本。 （3）对地推人员成功拉新的奖励设置（调动地推人员工作的积极性）。 （有些公司是把这部分工作交给专业的地推公司做的，公司只负责给预算，其余由地推公司策划活动。）	活动上线前1周
活动准备	（1）活动礼品购置（如盒马鲜生购物卡、书包、箱包等）。 （2）活动展架制作。 （3）活动现场桌子和椅子租借（大部分向商超租借）。	活动上线前1周
活动执行	工作人员在现场进行开卡引导。 （现场执行一般会选择人流量大的周末、节假日等。）	活动中
活动复盘	（1）计算单用户获客成本。 （2）后期用户留存和生命轨迹分析。	活动结束后1周内

案例撰写要点

地推活动一般都是用于用户拉新，此类活动从策划到落地执行都较为简单，活动方案和创意并不是最重要的，最重要的是活动的落地执行，以及后期的活动新用户人群分析。也就是说，每次活动后需要对用户拉新的成本以及后期用户的行为轨迹进行分析，在分析过程中，及时发现哪些手段（礼品）、哪些地理位置能让用户获取的成本更低，效果更佳，才是整个活动方案里最重要的一环。

第 6 章

用户活跃

通过大量的用户拉新活动，我们在企业的流量池积累了很多的用户，但是，很多用户往往只是通过第一次参与活动才成为我们的用户。这时候，就需要用户促活手段把用户的活跃性调动起来。通过设计活动，让用户不断和企业产生关联。用户活跃度越高，意味着用户的质量越高，用户对企业的贡献（App 使用时长、产品销售额）越大。本章通过大众点评"霸王餐"活动、支付宝"集五福"活动、签到领积分活动、超级会员日活动、1 分钱预约好礼活动这 5 个活动案例来谈一谈促进用户活跃类的活动应该怎么做。

🐾 UGC：大众点评"霸王餐"促活

案例概述

　　一开始身边有朋友去吃"霸王餐"，还不知道是什么，随着越来越多的人去吃"霸王餐"，才知道这是大众点评联合商家推出的一种免费试吃（试用）活动，从而引导用户写评论，以推广商家。

　　活动流程如下。

　　（1）商家在大众点评后台报名参加免费试吃（试用）活动，活动报名需要收取一定的费用，商家要提供免费的试吃（试用）产品，大众点评则会给商家曝光资源。

　　（2）用户根据平台规则申请"霸王餐"试吃（试用），等待被选中。

　　（3）平台会挑选参加活动的报名用户，挑选原则是，点评写得越多、越认真的优质用户中"霸王餐"的概率就越大。

　　（4）用户到店体验"霸王餐"，对这家店给出自己的评价（对评价有一定的要求）。

　　对于大众点评来说，这是一个引导平台用户创作 UGC 的活动；对于商家来说，这是一个免费推广自己店铺商品的活动，通过试吃（试用）的评价，用户帮助商家传播店铺，并且参与试吃（试用）的用户是不能挑选的，也就意味着商家无法左右用户的评论，唯有做好服务和产品；对其他没有参与试吃的用户来说，通过这样的活动能够看到用户对这些商家的真实评价，从而决定自己是否去这些店消费，真正在大众点评得到自己想要的服务。

案例解析

"霸王餐"是一个对大众点评、用户、商家都比较友好的活动。

（1）对于大众点评来说，"霸王餐"活动可以促进用户产出更多的 UGC，丰富平台内容。大众点评顾名思义就是让用户一起点评的平台，大众点评官方能够产出的内容是有限的，也不可能去全国各地区探店，这时候就需要发挥平台用户的积极性，给他们极少的利益，调动他们去积极产出内容。用户点评内容越多，平台用户黏性越强，用户在平台上自发产出的内容具有持续性和多样性，平台才能活跃起来，产生的价值才能越大。

（2）对于用户来说，点评不是他们的工作，而是一种生活的乐趣，写写评论就能免费体验很多新店。"霸王餐"活动是以用户评论的数量和质量来选取用户的，这在一定程度上鼓励了用户源源不断地产出内容（社交媒体上有很多如何中"霸王餐"的攻略，本质上就是教用户如何写优质评论）。这也是大众点评维护优质用户的手段，给那些认真写点评的用户一些奖励，激励他们更加勤奋地产出内容。对于喜欢吃吃喝喝的用户来说，最好的奖励莫过于"霸王餐"。邀请他们免费体验，让他们有一种当美食 KOL 的感觉，最终形成正向循环，让用户源源不断地产出优质内容，让更多进入大众点评的用户能够看到更多有价值的评论，从而做出正确的消费判断，这样大众点评才是真正的由大众点评组成的内容平台。

（3）对于商家来说，平台策划的活动一般都会有流量倾斜。商家往往只需要付出一点点报名费和试吃成本（食材、人力等），就可以换取平台的流量，大部分都是很值得投入的，这就是为什么商家总是要千方百计地去置换平台资源。单纯通过付给形式购买流量资源，成本远远不止这些，而且生硬的广告不利于用户转化。大众点评则是把流量资源做了一些分配，既能维护优质用户，又能从商家报名费中获利，把流量转化，可谓一举多得。

案例模板

大众点评"霸王餐"活动策划方案

活动主题：大众点评"霸王餐"活动。

活动时间：5月1—31日（月度展开活动，每月到期后可持续进行）。

活动玩法：

（1）设置"霸王餐"商家报名通道、报名门槛、报名规则、要求提供的"霸王餐"内容。

（2）在每一个城市从报名商家中筛选10家线下门店参与"霸王餐"活动。

（3）在App资源位宣传"霸王餐"活动，吸引用户参与，设置用户活动报名通道。

（4）每家门店从报名用户中选取5位用户参与，活动规则说明挑选"霸王餐"用户规则。

（5）用户现场体验，核销"霸王餐"，商家及时邀请用户写点评。

活动预算：0元（传播资源主要在App内宣传，"霸王餐"成本由商家承担）。

预计活动曝光：100万+。

预计报名商家：100+。

预计报名用户：1万+。

活动传播方案：聚焦于App内资源位宣传（如Banner位置、首图、开屏广告位、发布推送、短信提醒等）。

活动分工：活动分工如表 6-1 所示。

表6-1　大众点评"霸王餐"活动分工表

大众点评"霸王餐"活动分工表		
工作大类	工作内容	截止时间
活动方案撰写	（1）"霸王餐"活动方案。 （2）商家筛选条件、报名规则。 （3）"霸王餐"用户筛选规则。	活动开始前3周
活动商家筛选	（1）商家报名后台开放（功能开发）。 （2）引导商家报名。 （3）根据规则筛选报名商家，每期20家。	活动上线前1周
霸王餐用户筛选	筛选到店体验用户，每家店5名用户。	活动上线后
用户到店体验并写评论	用户到店体验，引导用户写评论。	活动上线后
活动复盘	活动效果复盘（实际报名商家数、报名用户人数、产出评论数）。	活动上线后

方案撰写要点

此活动方案比较简单，因为"霸王餐"属于 0 预算活动，主要成本（食材和人力）由商家承担，活动方案的汇报和审批就会相对比较简单。此活动方案撰写的要点是报名商家的筛选规则和报名用户的筛选规则，规则里就要说明白活动怎么报名参与、谁有资格被选中，而不是让用户感觉有黑幕。如果规则不清晰，很容易引发客户投诉。

小步迭代：支付宝"集五福"促活

案例概述

"集五福"活动是支付宝 2016 年策划的春节期间的用户之间的互动活动，为了促进支付宝用户更多地使用其 App，同时促进用户在 App 内进行社交活动（如赠送福卡等），以提升 App 的用户活跃度。

活动具体玩法如下：在春节前集齐"和谐""爱国""敬业""友善""富强"五福，则可在除夕夜瓜分支付宝的红包，"集五福"的方式有很多，核心是在支付宝完成指定任务，也可以好友之间互相赠送，不管是用哪一种形式获得福字，都大大提升了用户在支付宝 App 的活跃度。第一年集齐五福的用户分到了 200 多元的现金红包，用户意识到原来"集五福"有一个这么大的红包可以领取，对"集五福"活动的印象更加深刻。

"集五福"活动经过 7 年的迭代演变，玩法越来越多样，比如可以"扫一扫"集福字，也可以用沾沾卡去沾别人的福字，还有集到花花卡帮还花呗，还有万能福（可以替代任何一张福字）。虽然后面集齐五福越来越容易，分到的红包越来越少，但是年轻人一边抱怨"集五福"的"陷阱"，一边乐此不疲地"集五福"，因为"集五福"已逐步变成年轻人过年的一种"习俗"。支付宝的"集五福"活动也从此奠定了自己在春节活动中不可动摇的地位。

案例解析

对于支付宝来说，在拥有如此庞大的用户后需要考虑的是，如何让用户持续不断地在这个 App 上活跃、社交，发生支付行为。对于用户来说，使用支付宝更多的是用于支付，很少在支付宝进行社交。支付宝"集五福"活动则很好地调动了年轻人在支付宝社交的意愿（即使只有一个短暂的春节假期），让用户在支付宝互赠福字来促进用户社交行为。一开始的"集五福"活动促使大量用户加支付宝好友，以方便互相之间送福卡、沾福卡。

"集五福"活动以支付宝为纽带，直接提升了阿里系产品用户的活跃程度。支付宝"集五福"的活动任务几乎涵盖了整个阿里系列的产品，用户在这些产品中都有可能找到隐藏的福字。例如：支付宝扫福字；蚂蚁森林浇水；粑粑农场施肥；支付宝搜索"滴滴""银泰百货"等；邀请好友集福；此外，天猫精灵、飞猪、优酷、淘票票等都有隐藏福卡。

"集五福"活动持续不断地进行，每年迭代更新，最终让用户形成一种习惯。虽然每年支付宝"集五福"活动都要被吐槽没有创意，红包金额太少，但是年年还是有很多人集五福，一边吐槽一边又继续使用。对于年轻人来说，这好像是一种习惯。要让一个活动能够深入人心，被用户记住，并且持续地玩，那么就要有持之以恒办活动的毅力，要持续不断地重复同一种活动形式，让用户对这个活动形式印象深刻，从而形成思维惯性。有时候重复做同一种活动，虽然被吐槽没有创意，但也是一种好的活动策略，需要有耐心、定力、毅力，千万不要对重复同一种活动抱着没有创意的偏见。

保持活动灵魂的同时，要不断为活动注入新的趣味，也就是在小步迭代中进步。一个活动可以持续不断地重复，但是一样的活动要不断更新玩法。比如"集五福"的活动玩法是一直在迭代的，从集福到扫福，再到扫自己写的福，从五福到增加万能福，增加沾沾卡，在五福卡中插入赞助商广告，增加花花卡帮还花呗等，都是同一种活动的玩法迭代升级。活动的灵魂不能变，要让用户一眼就能识别出这个活动，知道这个活动的玩法，这样才能巩固用户认知，在这个基础上不断增加新玩法，让活动更有趣味。

案例模板

支付宝"集五福"活动策划方案

活动主题：支付宝"集五福"活动。

活动时间：1 月 23—30 日（1 月 30 日瓜分红包）。

活动玩法：

（1）集齐"和谐""爱国""敬业""友善""富强"五福即可瓜分支付宝 10 亿元现金红包。

（2）万能福可以当成任何一种福卡使用。

（3）集福方式共计 20 种。

活动预算：6 亿元（5 亿元用于红包瓜分，1 亿元用于活动传播资源）。

预计活动参与用户：3 亿＋（2022 年官方显示集齐五福人数为 2.75 亿人，人均领到 1.82 元）。

活动传播方案：

（1）大颗粒资源采买，如央视春晚赞助、地铁广告等。

（2）阿里系 App 资源位推广。

活动分工：活动分工如表 6-2 所示。

表6-2 支付宝"集五福"活动分工表

支付宝"集五福"活动分工表		
工作大类	工作内容	截止时间
活动方案撰写	（1）活动方案撰写（首次的方案撰写是个大工程，后续方案是对之前方案的优化迭代，撰写相对容易）。 （2）活动方案汇报和立项（首次活动需要确立年度大项目，涉及部门较多，汇报、立项的时间较长）。 （3）活动预算汇报（因涉及预算金额较大，单是红包就是5亿元，审批层级较多，准备工作需要前置）。	年度S级别项目，年初立项，整个项目涉及调研、功能开发、内部评审等
逻辑交互图	首次开发"集五福"功能，交互逻辑复杂，涉及部门多，涉及App的联动也较多（后续对功能进行优化迭代，也需要有交互逻辑图）。	活动前8个月（逻辑交互图和活动方案立项是有时间交集的）
App功能开发	一个简单的App功能迭代往往都需要排期，至少3个月，一个大工程的App功能开发需要至少提前6个月。	活动前6个月
活动传播	公司的年度大型活动一般都需要匹配大颗粒资源（如春晚广告等），这需要在春晚招商时间段提前锁定广告投入资源，整体的活动传播方案也需要提前很长时间准备。	要紧跟广告资源位招商的时间
活动执行	活动落地执行的期间，核心工作是传播资源和活动的监控，出现Bug时及时修复（这部分工作主要看是否出现Bug，没有Bug的话，基本上没什么工作量，有Bug的话修复起来就比较困难）。	活动期间

续表

支付宝"集五福"活动分工表		
工作大类	工作内容	截止时间
活动复盘	（1）用户的活跃率。 （2）用户之间的社交频次。 （3）福字被传递的频次。 （4）广告的曝光、带来的效果等。	活动结束 1 个月内（对于这类大型活动，统计数据需要较长的时间，建议随时把一些活动复盘写成笔记，尽量在 1 个月内完成整个活动的复盘）

方案撰写要点

这是一个大的活动方案，整体的活动方案肯定是层层嵌套的，每个小方案都要单独编写，相对于其他活动也是一个大方案。所以，活动负责人要有牵头思维，每个小方案要有对应的责任人和责任部门。整体的活动方案要拆解成很多部分来做，比如传播部分需要为每个渠道单独写个方案；程序开发部分需要为每个功能做一张逻辑交互图；方案部分需要为每个不同的环节写一个方案。

大型活动的难点有两个，第一个是不能亲力亲为，必须学会推动其他部门一起出力，然而习惯干活的人往往不擅长指挥别人；第二个是协调，不管是时间上还是功能上，都需要协调，把不同部门、不同人员做的方案组合在一起，组成一个完整的活动方案。在组合的过程中往往会有很多的矛盾和不适配，这是大型活动最考验人的部分。拆解任务以后，每一个细分任务其实并不难完成。

🕭 惯性思维：签到领积分

案例概述

签到领积分几乎是每个互联网公司必做的用户活跃活动。活动形式无外乎是用户通过每天签到可以领取积分，或者每天签到领取的积分是呈阶梯式上升的，连续签到若干天后积分翻倍或者达到 3 倍，一定数量的积分可以兑换各种权益（如 7 天视频卡、App 消费优惠券、实物礼品等）。当然，为了鼓励用户签到更有积极性，有些 App 签到可以领取红包，连续签到则现金激励翻倍，现金积累到一定程度（如 10 元）即可提现，鼓励用户持续不断地去 App 签到，促使用户活跃。

案例解析

签到领积分活动是一个几乎对所有用户都有效的活动方式。

（1）签到领积分活动形式简单，执行难度低，适用于多种平台（互联网 App、电商等）。对于互联网 App 来说，用户持续登录自己的 App 是用户经营部门的一项重要考核指标。用户登录意味着这个用户是活跃的，用户持续地在 App 活跃并贡献时长，才能为这个 App 贡献自己的价值。在互联网，争夺用户的时间就是争夺用户的注意力，才能将用户的注意力进行转化（这就是那么多 App 统计用户停留时长的原因）。通过引导和激励用户持续不断地登录 App 去签到，用户才会持续不断地关注这个 App。用户在签到后浏览 App 页面的过程中，会为这个 App 贡献时长（如用户签到后进而去浏览页面内容，就是签到带来的用户价值），甚至贡献销售额（如通过签到看到一个感兴趣的商品，从而下单购买）。

（2）奖励设置要呈阶梯式上升，要设立阶段性目标。连续签到最重要的是连续，让用户连续不间断地签到，才能让用户养成每天来 App 看一看的习惯。设置奖励时，要设置连续签到积分才能呈现阶梯式上升，在特定的时间节点给予大奖激励，比如连续签到满 7 天当天积分翻倍，14 天积分翻 3 倍，21 天积分翻 4 倍，100 天即可领取一份礼物，或者参与抽大奖（奖品设置要有吸引力，如 iPhone）。要让用户有持续签到的动力，持续签到 100 天不容易，但是连续签到 7 天则很容易，要把签到难度拆解到每周、每天，让用户一天天地去坚持，一个星期一个星期地去坚持。（积分可以替换成现金红包等。）

（3）要有用户留存手段。App 花了大力气让用户来持续签到，目标肯定不是让用户签到而已，而是要让用户进一步和 App 产生关联，让用户为 App 贡献更多时长或者销售额。在用户完成签到后，要有用户留存的手段，签到后推出用户感兴趣的内容（商品），或者通过游戏活动刺激用户进一步留在 App。这样签到就变得更有价值和意义了，这才是真正核心的目的。

案例模板

签到领积分活动策划方案

活动主题： 签到领积分（积分可以替换成现金红包等福利）。

活动时间： 持续。

活动目的： 引导用户持续登录 App 签到，提升用户活跃率。

活动玩法：

（1）连续签到满 7 天，当天签到积分翻倍。

（2）连续签到满 14 天，当天签到积分翻 3 倍。

（3）连续签到满 30 天，额外获赠 1000 积分，同时可以抽奖（奖品为最新款 iPhone）。

活动预算： 积分兑礼品预算 100 万元。

预计每天签到人数： 1 万 +。

活动传播方案：

（1）App 首页 Banner 位。

（2）App 发布推送。

（3）私域私信推送。

活动分工： 活动分工如表 6-3 所示。

表 6-3 签到领积分活动分工表

签到领积分活动分工表		
工作大类	工作内容	截止时间
活动方案撰写	活动方案撰写和汇报。 （此活动方案较为简单，只需要设计清楚积分领取的规则，说明积分的用途。因活动是持续进行的，一般一年或一季度汇报一次活动方案，后续只需要申请预算、更新素材即可。）	活动开始前2 周
活动准备	（1）活动素材制作（Banner、推送文案等）。 （2）九宫格抽奖页面设计。 （3）活动礼品采买。	活动上线前1 周
活动执行	发布活动页面，后台监控活动数据。	活动上线后持续进行
活动复盘	活动效果复盘（签到人数、活跃人数、持续登录人数、抽奖礼品金额等）。	活动结束后1 周

方案撰写要点

活动方案撰写和执行落地都比较简单，因为预算少，活动方案简单，所以审批和汇报一般也是比较简单的。方案的核心是方案落地，因此要罗列清楚具体的工作量，然后有条不紊地推进。

活动方案看似简单，要让用户持之以恒地去签到，则需要对积分兑换的方案进行设计，多少积分兑什么礼品，要有一个有吸引力的兑换规则。另外，也可以直接用现金红包作为福利，但要考虑用多少现金红包激励才对用户有吸引力。

精准触达：超级会员日

案例概述

会员日几乎是每个品牌都会策划的用户专属活动，行业包括航空公司、百货商超、电商平台等，品类上也是涵盖从 3C 产品到零食，从美妆到快消的各类产品。只要是你能想到的公司，几乎都会策划会员日活动。即使他们没有自己的会员体系，也不妨碍他们策划会员日活动。现在做得比较好的，有京东的 PLUS 会员日、天猫的"88"会员节。

在会员日当天，如果商家的会员信息很完善，会根据会员的等级提供不同的会员权益，比如稀缺货品的会员专属购、会员专属优惠券（如"618"时天猫会给"88"会员发520元的优惠券）、会员双倍积分、入会送好礼、会员专享价。如果会员信息不完善，那么商家就通过变相打折来吸引用户购买。

通过策划会员日活动，可以扩大会员规模，提升会员活跃度，促进会员购买产品。

案例解析

用户能为企业创造价值，是企业最重要的资产之一。用户又有弱关系和强关系之分，会员是用户关系中信息最完善的一种，会员资产是企业要重点维护的资产。商家能够收集到的会员信息是比较完善的，最基本的就是手机号（只要有手机号，后续就有很多种触达手段），有些商家会要求填写个人信息，如生日（一般都是在生日当天给予较低的折扣或发放优惠券）。有了这些基础信息，就意味着商家有了开展一系列营销活动的前提条件。比如大促期间，通过发短信、电话外呼等方式把促销信息和新品信息传达给用户。在用户生日当天，给予适当的生日关怀，引导用户到店领取礼物，同时促进用户消费。

针对会员的活动无非是让用户入会、激活、活跃、购买、复购，针对不同的目的，应该有不同的活动。引导用户入会，可以做入会有礼活动，选择有激励性的礼物引导用户入会（例如送无门槛优惠券或小礼物）；用户激活，可以通过填写信息赚双倍积分的方式激励用户；比如用户活跃，可以通过连续签到领积分等形式引导用户持续登录；促进会员购买则应该给予适当的会员专享价、会员优先购等购买行为的激励。有些商家后台还可以看到会员购买的行为和记录，比如复购、客单价、首次购物、会员等级等信息，商家可以依据不同会员的等级和会员购买习惯做不同的会员活动。

案例模板

超级会员日活动策划方案

活动主题：超级会员日。

活动时间：2021 年 5 月 8 日（每个月的 8 日）。

活动玩法：

（1）入会送 10 元无门槛消费券。

（2）5 月 8 日当天，会员购物享双倍积分。

（3）1000 积分可兑换某礼物。

（4）某产品会员专属购（一般为稀缺产品，很多平台把平价茅台作为会员专属购的产品）。

（5）会员购物额外加赠某礼品。

（6）会员购物获赠满 1000 元减 100 元消费券。

活动预算：100 万元。

活动目标（目标可以根据后台数据做拆解，主要可以从以下四个方面设置）：

（1）预计新增 5 万新会员（会员新增）。

（2）预计会员活跃率提升 10%（会员活跃）。

（3）初级会员升级中级会员人数 1 万＋（会员升级）。

（4）预计会员贡献 5000 万元 GMV（会员销售）。

传播方案：

（1）店铺 KV 宣传会员日。

（2）站内硬广投放（钻展、直通车等）。

（3）站内软植入（KOL 软文、视频等）。

活动分工：活动分工如表 6-4 所示。

表6-4 超级会员日活动分工表

超级会员日活动分工表		
工作大类	工作内容	截止时间
活动方案撰写	（1）会员数据分析，分析会员目前最迫切需求的活动方案（对会员入会、活跃、购买行为进行分析）。 （2）活动方案撰写（根据数据分析确立活动策略，或者用不同活动方式在超级会员日当天达成不同的目标）。 （3）活动方案汇报和立项（超级会员日一般都是以月为单位持续进行的一个项目，首次执行需要确立活动时间、活动主题、活动玩法等，需要做方案的汇报立项，后续进行更新迭代）。 （4）活动预算审批。	活动前2个月（首次立项活动前2个月，后续每月的活动提前2周）
活动准备	（1）活动素材准备（KV、活动落地页、活动文案）。 （2）活动礼品。 （3）活动商务申请和审批（针对会员的专享价格和优惠券一般都需要内部报备）。	活动上线前1周
活动执行	（1）活动素材上线监控（尤其是这种会员活动会涉及多平台活动，需要看各个平台的落地情况）。 （2）会员数据变化监控。	活动期间
活动复盘	（1）会员数据复盘（新增、活跃、升级、购买等）。 （2）活动整体效果复盘。	活动结束后1周

方案撰写要点

超级会员日活动是针对用户的活动，一般都以月为单位，长期展开，加深用户对这个品牌的认知。这种一般每月定期展开的活动，在第一期活动立项时，确定活动方案、活动预算、活动时间等一系列的工作是比较烦琐的，流程也会很长，需要内部涉及用户的部门共同参与。

一旦活动立项后，第一次活动方案顺利执行，此后就在每个月的基础上进行更新迭代。每个月要在基础活动方案上，结合当时的热点、节假日、新品等策划主题，优化活动形式。这类活动就是典型的既要用户形成记忆，又要引起用户兴趣的创意策划。

提前锁定：1 分钱预约好礼

案例概述

每到"618""双 11"电商大促期间，各大品牌都会推出类似 1 分钱预约好礼的活动。具体活动形式如下：用户购买 1 分钱链接的商品后，相当于预约了商家要推出的某个产品，只要购买了这个商品，就享受商家额外赠送的大礼包，礼包包含赠品、服务权益、优惠券、抽奖资格等（每个商家配置的内容不一样，但目的都是吸引用户提前锁定购买链接）。

商家推出 1 分钱预约好礼活动，最核心的目的是提前锁定用户资源，和用户产生联系，方便后续在大促期间持续做营销活动，最终促成成交。

这既是一个拉新活动，又是一个促活活动，暂时把它先归类到用户促活活动。因为这对店铺的新用户来说是一个用户拉新活动，即在店铺完成首单消费；对于店铺的既有用户（如粉丝、会员、购买用户）来说，则是一个促进用户活跃的活动，即通过礼品让沉默的用户和店铺产生互动，店铺从而达到大促期间的营销触达目的。

案例解析

（1）1分钱预约好礼活动是为了获取用户信息，方便二次营销。1分钱预约好礼需要用户产生支付行为，填写订单信息，这对商家来说无疑让用户完成了最重要的两步：支付和信息填写。支付在用户生命周期中是一个重要的环节，用户完成了支付行为，相当于和商家产生了金钱关系，对商家产生了信任。一旦用户填写完信息，就会进入商家的信息可触达人群，商家可以通过短信、电话、微淘等形式在大促前夕进行营销，推送产品促销信息，从而促成销售。

（2）1分钱预约好礼活动是为了筛选用户，预判新品销售量（一般这种链接都会用在大促期间的新品上）。完成了支付和信息填写两个重要环节，说明预约成功的用户的购买意向极其强烈，这可以帮助商家提前预判客户购买意愿。一般来说，预约用户和实际购买用户数量之间会有一定差距，商家可以根据历年二者比例预判今年的销量，为新品发售提前探探声势，为备货数量提供决策依据。

（3）1分钱预约好礼活动本质上是一个"朝三暮四"的玩法（其实活动中的赠品本来就是要赠送给用户的）。大部分商家为了在大促期间冲销量，往往会准备较多的赠品预算。一开始商家都是直接把赠品和商品放在一起，但用户对赠品感知不强，对于商家来说白白送出去了那么多赠品，好像把石头扔进大海而毫无回响。后来有部分商家策划了1分钱预约好礼活动，把赠送礼品当成一种获取用户信息的手段，这反而让用户对这个赠品重视起来了，毕竟是花了钱的，这就是支付行为产生的力量。用户认为赠品是商家额外赠送给他的，他会有一种被重视的感觉。

（4）1分钱预约好礼活动最好配置一个大的抽奖活动。比如1分钱预约好礼即可抽万元大礼包，很多用户会为了这个抽奖礼包而去预约，在店铺完成首单支付，做用户运营的人应该知道，店铺完成首单支付的获客成本是很高的。仅仅通过抽奖，预约量可以提升2～3倍。

案例模板

1分钱预约好礼活动策划方案

活动主题：1分钱预约好礼。

活动时间：2021年10月20日—11月1日。

活动玩法：

（1）10月20日—11月1日，提前购买1分钱预约好礼链接商品，"双11"当天购买某产品即可额外获赠礼品。

（2）"双11"当天，将会在所有预约成功的用户中抽取一位"锦鲤"，赠送万元超值大礼包。

活动预算：1万份价值69元的礼品＋万元超值大礼包。

预计活动预约人数：10万＋。

实际转化率：10%，预计最终购买客户1万人。

传播方案：

（1）店铺首页、详情页Banner位置。

（2）短信、私域推送。

活动分工：活动分工如表6-5所示。

表6-5 1分钱预约好礼活动分工表

1分钱预约好礼活动分工表		
工作大类	工作内容	截止时间
活动方案撰写	（1）活动方案撰写和汇报（确立哪款产品做1分钱预约好礼活动、活动礼品包最终权益确认）。 （2）活动预算审批和申请。	活动前2个月（一般大促活动提前1个月做活动预算，提前2个月开始做幕后准备工作）

续表

1分钱预约好礼活动分工表		
工作大类	工作内容	截止时间
活动准备	（1）活动素材（KV、1分钱预约好礼链接、活动落地页、活动文案准备）。 （2）活动礼包准备（实物礼品采购、权益内部申请、商务扩展资源沟通落实）。 （3）活动规则制定（这个方案活动规则较为重要，包括1分钱预约的礼包权益具体怎么使用、怎么兑现）。 （4）客服培训（因礼包是前置购买，用户不喜欢看规则，更喜欢咨询客服，要做好客服的前置培训工作，客服要了解活动规则，给用户进行解释）。	活动上线前2周
活动执行	（1）活动落地监控（素材、传播、链接等是否准确、到位）。 （2）活动链接购买数据监控（链接的流量、购买转化率、流速等）。	活动期间
活动复盘	（1）1分钱预约好礼链接流量、预约购买与实际新品购买的比例。 （2）活动整体效果（优劣、投入产出比等）。	活动结束后2周

方案撰写要点

这个方案中比较重要的两个环节是活动规则的制定和客服培训。活动的落地执行并不难，但是因为礼包不随产品发放，礼包链接不是产品链接，所以礼包链接要前置于产品链接。礼包中往往会有较多的权益，这对用户来说就比较难理解了，他们往往不会自己去读活动规则（商家写清楚活动规则不是为了让用户去读的，而是为了免责，避免因规则不清而引发用户投诉，或者招来恶意差评者）。

这时候，最重要的是对客服进行培训，客服能够准确清晰地告诉用户应该怎么参与这个活动，参与这个活动能够得到什么好处。

第 7 章

用户购买

　　商业行为的本质是购买。活动前期不管有什么目的（拉新、促活、提高人气、提高影响力），归根结底，最终的目的是促进用户购买。品牌不可能只通过一个活动就让用户实现购买的行为。每个活动如果仔细分析，就会发现 AIPL 部分是互相交织的，很难区分开，但是我们还是根据活动的侧重点和活动目的不同，把活动进行简单的区分。本章案例具体讲的是活动的终极目的是引导用户成交，并通过整点购、"双 11" 大促满减、1 元秒杀爆款手机、新品试用、"佰草集延禧宫正传" 直播间、曼卡龙 69 元钻戒这 6 个活动案例来谈一谈如何策划引导销售成交的活动。

🐦 整点购：借冲动消费促成成交

案例概述

电商平台常见的一种活动就是整点购（整点购物加送赠品、第二件半价、折上折等）。这是商家为了在某一固定时段冲刺销量而设置的一个活动。尤其在大促期间，如"双 11""618"，经常能看到 1 小时销售额破亿元的战报，为了引导用户在 1 个小时内完成成交，商家会设置整点购的优惠活动，以促使用户在自己家店铺下单，而非犹豫不决，多番比较。

案例解析

（1）整点购活动可以帮助商家在短期内达成销售额目标。商家想要在某个时间段大幅提升销售额业绩，整点购是比较有效的手段，可以促使用户把后续的消费都集中在一个极短的时间内完成。销售额可以用于发战报（如大促）来为自己的品牌造势，也可以用于争取公司内部的资源支持，还可以用于争取平台的资源支持，以显示品牌有号召力和能量。

（2）商家可以享受到部分平台流量资源扶持。如果整点购是平台推出的活动，商家只要报名参加这类活动，就可以享受到平台的流量资源。这些资源相当于是商家和平台对投的，商家投入礼品或者优惠，让利用户，做整点购活动，平台提供免费流量扶持，最终实现双赢，商家和平台都能完成各自的销售额指标。这种流量扶持一般都会倾斜给有能力完成销售额目标的商家和产品。

（3）受礼品和优惠诱惑，用户容易冲动消费。除了帮助商家冲刺销售额目标外，整点购还会带来额外的销售增量。因为整点购有优惠，时间极短，会给用户造成一种心理压力，这是一个转瞬即逝的机会，错过可能就没有了，再加上优惠的诱惑，用户极容易冲动消费。这就是为什么那么多商家要集中在"双11"第一个小时内冲量，引导用户不断购买，就会产生额外的增量。很多用户在"双11"的时候，经常很冲动，什么都想买，第二天一觉醒来，又发现自己什么都不需要了。商家为了避免这种情况发生，会让他们在某一时间段冲刺消费，买了再说。

案例模板

整点购活动策划方案

活动主题：整点购活动。

活动玩法：

（1）20:00 整点购送礼品（活动仅限前 5000 名用户）。

（2）20:00—21:00 点购享受第二件半价活动。

活动预算：100 万元（主要用于整点购礼品和商品让利）

活动时间：11 月 1 日（20:00—21:00）。

活动页面 UV：30 万～ 40 万。

活动 GMV 贡献：3000 万元。

活动分工：活动分工如表 7-1 所示。

表 7-1　整点购活动分工表

整点购活动分工表		
工作大类	工作内容	截止时间
活动信息获取	平台活动信息获取，筛选符合自身情况的活动资源。	活动前 1 个月完成

整点购活动分工表		
工作大类	工作内容	截止时间
活动方案撰写	（1）活动内部方案撰写和汇报。 （2）活动预算申请和审批。 （3）活动报名方案撰写（根据商家要求提供活动方案以及活动目标、传播投入资源）。	活动前2周完成
活动报名	（1）活动报名。 （2）活动平台流量资源争取。	平台活动报告截止时间前完成
活动准备	（1）活动页面设计和搭建、活动宣传 Banner 和 KV 制作。 （2）活动链接创建（购买有优惠，防黄牛设置）。 （3）活动礼品准备。 （4）活动降价商品申请与审批。	活动前2～3天完成
活动传播	（1）盘点内部传播资源并且整理成传播方案，进行资源锁定。 （2）平台付费资源采买和投入。 （3）外部媒介资源采买。 （需要根据平台要求和实际公司投入预算进行整合。）	平台活动报名截止时间前和平台完成对标
活动执行	（1）活动后台流速观察（出现异常要及时下架商品，以防造成损失）。 （2）活动礼品随订单一起发放，统计后订单发送给仓库。	活动期间
活动复盘	（1）活动目标达成分析，平台要求目标和内部制定目标都要进行分析。 （2）计算活动 ROI，分析投入礼品和实际产生的销售额。 （3）整点购带来的增量销售预估（可以和无整点购期间的销售转化率做对比）。	活动结束后2周

方案撰写要点

此活动方案需要写两份。一份是对内部的统一方案，包括活动的目标、预估的 ROI、活动传播资源的投入、活动的执行等，这一份方案要有真实的预估数据。另一份则是和平台进行对标的方案，此方案要进行数据脱敏和策略脱敏（如销售额、用户体量、流量、转化率等），此方案的要点是根据平台的要求做活动，核心旨在告诉平台："我能完成你的指标！"至于涉及公司内部的数据、方案、策略等，要酌情考虑哪些可以展示，哪些属于公司机密信息。

套娃循环：满减促销凑单

案例概述

满减是电商平台常见的促销活动，每一次促销活动都必然有满减的方式，只是每一次力度不一样。有时候是满 200 元减 30 元，有时候是满 300 元减 30 元。"双 11""618"一般是年度满减力度最大的活动，有满 300 元减 50 元，满 200 元减 40 元。此外，还有折后再满减的活动。在"双 11""618"期间，天猫会给"88"会员发放大额满减券，比如实付满 1500 元减 120 元。

满减不仅是电商平台的活动，商家也会同步策划。商家会根据不同产品金额、活动时间设置满减的力度，比如满 999 元减 100元、满 580 元减 50 元等。

对用户来说，满减活动逐步变成了一道复杂的数学题，首先要搞明白商家本身的满减活动，要凑商家店铺的商品，其次是要搞明白全平台的满减活动。凑的金额越是靠近满减线，实际享受到的优惠越大。用户往往为了享受最大力度的折扣，在领券、满减、赠品、折上折等优惠活动中来来回回折腾，使得满减大促变成了一道复杂的"数学题"。

案例解析

（1）满减是让用户在计划外消费的重要活动策略。虽然满减活动一直饱受用户诟病，但是每年平台和商家都会把满减活动当成重要的促进购买的手段，每年、每次活动、每个商家都沿用。为什么不能直降？为什么不能打折？因为直降和打折会让用户失去凑单的意愿，很难产生额外的消费。满减则不一样，用户会一直沿着商家和平台的思路去凑单，从而更长时间地停留在店铺和电商 App 中，只要停留时间变长，用户就会有很多潜在需求被挖掘。只要用户凑到自己满意的商品，就不会退款。对于商家和平台来说，潜在购物需求就是这样通过满减活动挖掘出来的。

（2）满减是个死循环，往往很难跳出来。用户凑完第一轮商家的商品，就会有第二轮平台的商品，凑完平台的商品后又发现自己还有一张大额消费券。大额消费券本质也是满减，眼看着自己凑满1500 元即可减 120 元了，用户会想再挑一挑。一轮又一轮，最后会发现自己陷在满减活动里，不停地在凑单，好像进入了死循环一样。

（3）用户凑单后便退款，商家也是有苦难言。虽然满减这种手段可以把用户的潜在需求挖掘出来，但是用户也不傻，发现这是一种套路后，就有反套路策略，挑完自己喜欢的东西，差额部分找个金额接近的产品凑单，只要付完款立马退货，其他产品享受到了满减的优惠，又不需要买额外的产品，也不需要一直不停地找合适的产品凑单。这对商家来说苦不堪言，一到大促，就有很多人开始拿某款产品凑单，尤其是金额特别容易凑上的产品，最后变成一堆退货的订单。

案例模板

"双11"大促满减活动策划方案

活动主题："双11"大促满减活动（此活动由电商平台策划）。

活动目的：通过满减活动，用凑单激发用户购物欲望。

活动时间：11月1—3日、11月9—11日。

活动玩法：

（1）满300元减50元，标注每次活动商家都享受活动优惠。

（2）"88"会员获赠520元优惠券，包括满1500元减120元、满5000元减400元。

报名要求：商家自行报名参与，平台审核商家参与活动资格。

满减力度：商家和平台各自按比例承担（部分活动由平台补贴）。

活动分工：活动分工如表7-2所示。

表7-2 "双11"大促满减活动工作分工表

"双11"大促满减活动分工表		
工作大类	工作内容	截止时间
活动方案撰写	（1）活动方案撰写汇报和立项（此活动方案较为简单，只是需要确立满减的额度、商家和平台各自承担的部分比例）。 （2）商家招商规则制定（什么样的商家才有报名资格，比如"88VIP"的满减活动只对官方旗舰店的商家有效）。 （3）满减程序开发（首次上线活动才需要）。	活动开始前1个月
活动招商	（1）开发报名后台程序。 （2）筛选符合活动条件的商家。	活动开始前1个月
活动准备	（1）活动平台传播素材。 （2）活动店铺预热（一般由店铺进行）。	活动开始前1周
活动执行	（1）为报名商家上线满减活动。 （2）监控销售额流速。	活动中

"双11"大促满减活动分工表		
工作大类	工作内容	截止时间
活动复盘	（1）GMV、报名商家、实际补贴成本等数据统计计算。 （2）活动效果分析。 （3）活动经验总结。	活动结束后1周

方案撰写要点

　　满减活动已经是一个很成熟的活动了，活动形式也比较简单，最核心的目的就是促进销售，所以整体的活动方案对创意的要求很低。这个活动最重要的是制定报名规则，包括如何补贴，什么样的商家有报名的资格。具体的规则需要通过活动效果复盘来进行逐步优化。

🍧 拼手速：秒杀蓄流量

案例概述

　　秒杀是电商常见的营销活动，主要用来吸引流量、转化用户。以1元秒杀爆款手机为例。在活动期间（一般为期一周），手机品牌每天准点准时放货，用户花1元即可参与秒杀手机。类似的秒杀活动中商家都会设置一定的门槛，要求用户关注店铺（或入会、点击某个链接）才能参加秒杀活动。

案例解析

秒杀活动是各个电商品牌经常做的促销活动，"秒杀"一词就很吸引用户，秒杀活动的玩法也很多。比如，可以直接秒杀产品（1元秒杀手机，9.9元秒杀电视……），也可以秒杀优惠券（如1元秒杀100元无门槛优惠券），还可以秒杀平价茅台、抽奖名额、稀缺产品等。秒杀对于商家来说主要通过噱头吸引客流，积蓄流量，引导成交；对于用户来说，秒杀则可以享受实实在在的优惠。

秒杀活动策划主要有以下几个方面需要注意。

（1）秒杀力度要大。所谓的秒杀，应该是一上架就立刻买不到的产品。秒杀活动一定要有足够的吸引力，这样才能起到聚集流量的效果。真正让利于用户，用户才会对商家的秒杀活动有持续的黏性。如果力度不够有吸引力，基本上用户参加一次活动就会弃你而去。

（2）做好用户承接。一般来说，通过前期的宣传，再加上秒杀活动的吸引力，秒杀时会有远超日常的流量。商家一般是不能靠秒杀放出的价格赚钱的，对于商家来说，重要的是要做好对用户的承接，让用户做一些和店铺有关联的行为（如关注、入会、注册等）。

（3）引导成交。商家引导用户进入秒杀页面，肯定不是仅仅为了让用户以极低的价格把产品秒杀走，而是在秒杀页面放入真正想要销售的产品，通过秒杀的流量顺势带动其他产品的销售。

（4）结合时间节点策划秒杀活动，引爆流量。比如对电商很重要的"618""双11"，或者节假日等热门活动的时间节点，节点流量会是日常的2～3倍，加上秒杀活动的吸引力，往往比较容易引爆活动，达到事半功倍的效果。

（5）秒杀可以用于清库存。大部分商家拿出的秒杀活动产品基本上都是清库存产品。比如，手机可以选择旧款机型等。因此，秒杀可以在吸引流量的同时达到清库存的目的。

（6）黄牛防控。黄牛在秒杀活动中无孔不入，只要是有利可图的秒杀活动，就会有黄牛参与。因为黄牛可以使用外挂程序，这样对真正的用户来说是极其不公平的，如果一个店铺的活动有黄牛持续参加，真正的用户则很难中奖，用户就会对店铺失去信心。

案例模板

1元秒杀爆款手机活动策划方案

活动主题：1元秒杀爆款手机。

活动时间：2022 年 11 月 1—11 日每天 20:00。

活动玩法："双 11"期间，关注店铺即可在每天 20:00 以 1 元秒杀手机。

活动目的：为"双 11"活动蓄流量，增加店铺关注量。

活动预算：2.2 万元（11 台 1999 元手机采购价）。

活动效果：累计 1 万＋用户参与秒杀，店铺新增关注 1 万＋，页面流量 10 万＋。

活动宣传：店铺首页 Banner，商品详情页。

活动分工：活动分工如表 7-3 所示。

表 7-3 1元秒杀爆款手机活动分工表

1元秒杀爆款手机活动分工表		
工作大类	工作内容	截止时间
活动方案撰写	（1）活动方案撰写（确定哪款产品做秒杀、秒杀价格、秒杀时间等）。 （2）活动方案汇报。 （3）活动预算申请。	活动开始前2 周

续表

1元秒杀爆款手机活动分工表		
工作大类	工作内容	截止时间
活动准备	（1）秒杀产品准备（库存量）。 （2）秒杀链接准备。 （3）秒杀宣传素材准备。 （4）活动规则制定（要有防黄牛话术）。	活动开始前1天
活动执行	（1）上线活动，监控活动流量和转化率。 （2）黄牛防控。	活动期间
活动复盘	（1）活动数据复盘，如转化率、活动参与人数、带动销售额等。 （2）活动优劣总结。	活动结束后1周

方案撰写要点

秒杀活动的方案是比较简单的，整个方案中有两个核心要点。第一，秒杀的力度设置，包括数量是多少，价格是多少。价格过低企业有可能亏损，价格过高不能吸引用户参与，所以这个度需要经过比较多的实际操作才能掌握。第二，黄牛防控，从活动规则到活动落地执行，都要尽可能地做好黄牛防控，做到真正让利于用户。

善用新鲜感：新品试用

案例概述

新品试用是各个电商平台常见的新品推广活动。商家需要流量、话题度、热度来推广自己的新品，报名平台的新品试用活动是一个很好的选择。电商平台一般都设有新品优先试用的频道，通过长时间的积累，这个频道已经塑造了用户认知，具有一定的流量。用户试用完新品后，会写自己的使用心得和体验，帮助其他用户更好地了解新品。商家则可以借助这些流量，在新品上市的时候制造热度和话题。

平台会设置新品试用活动的报名门槛，比如需要多少价值的货品、多少数量的货品。商家按要求提供，即可报名参与，获得平台的流量扶持。商家要承接好新品试用活动的流量，比如点击新品试用可以引导用户关注店铺，从而更好地承接进入店铺的公域流量，把他们转化为自己的用户。

案例解析

（1）新品试用的目的是获取公域流量。不同的电商平台的新品试用，玩法是不一样的，有些 0 元试用新品价值高，名额少，活动玩法类似抽奖，适合耐消品；有些是名额多，单价低，适合快消品，这类活动主要是引导用户写评论，产生更多 UGC，为用户的消费做指引。不管是哪一种形式的新品试用，本质上都是通过免费产品撬动公域流量。

（2）要做好公域流量进入店铺的承接。新品试用活动会有引导用户进店的链路，对于这部分进店流量，店铺要做好承接。如果是快消品，在用户进入店铺后引导其领券，给一些爆款产品的销售链接，用户就比较容易产生冲动消费，最终实现成交。如果是耐消品，用户决策成本和周期比较长，对于进入店铺的用户，至少要让他们关注店铺（有专门引导用户关注店铺的工具，可以设置活动），终极目标当然是转化销售了。

（3）新品试用大部分都是以小博大。品牌是很愿意参加新品试用活动的，大部分用户对新品试用的热情很高，因此新品试用活动的公域流量质量高，用户活跃度高。品牌只要付出极小的成本（新品试用的产品），即可获得公域流量，引导用户进店，流量获取成本远远低于付费投放广告的成本。

案例模板

新品试用活动策划方案

活动主题：新品试用。

活动时间：2022 年 1 月 1—31 日。

活动玩法：50 个新品试用名额，上线公域流量新品试用频道，用户申请免费试用，试用完写一篇不少于 500 字的试用体验即可，试用名额由平台官方抽奖软件抽取。

活动目的：推广新品，获取公域流量，引导销售成交。

活动预算：2500 元（50 份新品采买预算，每份 50 元）。

活动效果：累计 2 万流量，5000 名用户申请试用，店铺新增关注 1 万 +。

活动流量承接：

（1）引导用户关注店铺。

（2）引导用户加入会员。

（3）引导用户购买。

活动分工：活动分工如表 7-4 所示。

表 7-4 新品试用活动分工表

新品试用活动分工表		
工作大类	工作内容	截止时间
活动方案撰写	活动方案撰写和汇报（新品试用活动较为简单，投入预算低，方案执行简单，属于常规活动，只需简单汇报即可执行）。	活动开始前 1 周

新品试用活动分工表		
工作大类	工作内容	截止时间
活动准备	（1）报名参加新品试用活动。 （2）准备新品试用的产品。 （3）店铺准备流量承接工具（或者页面）。	活动开始前 1 天
活动执行	上线活动，监控活动流量、转粉率、销售转化率等。	活动期间
活动复盘	总结活动数据，如流量、转化率等。	活动结束后 1 周

方案撰写要点

此活动方案比较简单，在大部分公司属于平时有新品即可上线做的活动，基本上只需要和主管报备新品数量和金额，即可报名参加官方的新品试用活动。此活动的核心在于尽可能多地找到类似的活动渠道来报名参与，考验的是活动策划者的信息收集能力。不同的平台有不同的活动，但是活动本质是大同小异的，而且这个频道的流量质量高，基本能实现以小博大的效果。

🍡 互动升级：直播间上演宫斗戏码

案例概述

佰草集把《延禧攻略》搬到了直播间，凭借着直播间模拟延禧宫的宫廷氛围布景，以及主播和助播的宫斗戏码，迅速在一众直播间中出圈，引起了超过 10 万用户的围观。

　　主播的人设是娘娘，助播的人设是嬷嬷，两人一唱一和，表情和台词充满了宫斗味，主播娘娘是可以升级的，升级的 KPI 则是用户贡献的销售额，娘娘要升级到贵妃、皇后、皇太后，全靠观众消费，再加上直播间的场景布置，把用户一下子带入了宫斗场景，并口口相传，"佰草集延禧宫正传"直播间第二天累计观看人次就达到了 5.8 万。

　　助播还会时时"煽风点火"，并拍摄了一条宣传视频，嬷嬷捧着皇太后的懿旨念道："奉天承运，皇太后诏曰。今日提前完成销售目标，特赐嘻贵人晋封为嘻妃。嘻妃则号召大家晚上再来直播间，为她的晋升添砖加瓦。"

　　再加上网友们剪辑视频片段进行二次传播，如"带货还能这么玩了？""这个嬷嬷演员可太可以了"等，"佰草集延禧宫正传"直播在直播圈就这样火了。

案例解析

　　直播是视频播出，观众可以看到布景、人物表情，对于活动策划人来说，直播间是一个很有创意空间的平台。活动策划人可以对直播间进行氛围布置，可以对主播进行人物的设定，对直播内容进行故事改编。佰草集就选择了在直播间套用《延禧攻略》的故事设定。

　　（1）宫廷氛围营造符合产品定位。佰草集是中国国货品牌，传承的是中国中草药的护肤理念，这就和宫廷风相契合。展现贵妃娘娘们日常用的国货品牌，既凸显了品牌的文化底蕴，又显示了品牌是"宫廷"用的（凸显高端定位，这就是为什么很多国货品牌喜欢在宫廷剧中做软植入）。佰草集这次把宫廷风和直播相结合，可谓是一个很好的凸显品牌文化底蕴的活动。

　　（2）选择了《延禧攻略》这个具有热度和话题度的题材，活动自带话题热度。《延禧攻略》刚播出时火遍了整个中国，当时就有很多品牌借助这个热点做该题材的活动策划。佰草集显然也找到了流量密码，选择了与《延禧攻略》做联合活动策划。

（3）好的创意活动都离不开网友的二次改编与传播。网友的UGC往往是让一个好的活动策划爆火的关键。品牌官方的号召力是有限的，即使投放再多的广告资源，所辐射到的用户也是极其有限的，而且流量有成本，每个公司都有流量承接的极限。而一旦网友进行 UGC 创作，二次传播量往往会呈现"井喷式"爆发效果。网友或者改编，或者剪辑，或者评论，都能让内容更具有话题度，一旦在某一个环节被网络 KOL 转发，流量又会呈现几何式爆发。显然这次活动因为在直播间上演宫廷故事具有首创性，再加上主播的出色表现，很快引发了网友的自发传播。

案例模板

"佰草集延禧宫正传"直播间活动策划方案

活动主题："佰草集延禧宫正传"直播间活动。

活动时间：2021 年 10 月 21 日起。

活动玩法：

（1）直播间布置成延禧宫廷风。

（2）直播内容以宫斗为故事线索，主播为娘娘，助播为嬷嬷，在直播间加强互动。

（3）整个故事为娘娘的宫廷晋升之路，由直播间的销售额决定。

活动预算：100 万元。

活动 IP：与《延禧攻略》制作方洽谈 IP 授权。

直播间预计在线人数：2000 ＋。

直播间预计累计观看人数：10 万 +。

传播方案：

（1）直播间持续播出，积累种子用户。

（2）官方制作传播视频，引发用户话题讨论。

（3）宫廷故事题材直播内容持续创造热点话题，用户 UGC 二次传播。

活动分工：活动分工如表 7-5 所示。

表 7-5 "佰草集延禧宫正传"直播间活动分工表

"佰草集延禧宫正传"直播间活动分工表		
工作大类	工作内容	截止时间
活动方案撰写	（1）活动方案撰写（直播间的剧本故事、活动创意策划）。 （2）活动方案汇报和立项。 （3）活动预算审批。	活动开始前 1 个月
《延禧攻略》IP 洽谈	与《延禧攻略》版权方洽谈 IP 授权。 （各种 IP 资源活动只要涉及版权，都需要获得授权，否则随时会有被告侵权的风险。）	活动开始前 1 个月
直播间布置	（1）直播间布置道具采购、制作。 （2）主播、助播服饰采购。	活动开始前 2 周
活动传播	（1）官方短视频拍摄传播。 （2）在社交平台引导用户创作 UGC。	活动期间
活动执行	（1）直播间布景和主播服饰造型。 （2）直播间现场直播控场。	活动期间
活动复盘	（1）活动效果复盘，直播数据复盘（观看量、销售额、转化率）。 （2）活动方案、经验、不足和创意点复盘。	活动结束后 1 周

方案撰写要点

此活动方案中创意很重要，可以说创意决定了整个活动方案的成败。直播间的故事如何讲，主播如何互动，要与哪个 IP 合作（IP 能不能火，有没有受众和市场），直播间如何布景，都是本次活动策划方案中的重点工作，建议团队进行头脑风暴，多写几个思路和创意，然后再择优执行。另外一个重点工作是取得 IP 授权，这也是整个活动方案中的重点工作。既然《延禧攻略》已经做成影视剧，就已经是拥有版权了，如果私自使用电视剧中的元素作为活动策划的创意部分，会有侵权的风险。

颠覆认知：曼卡龙 69 元钻戒活动

案例概述

　　你知道一枚钻戒需要多少钱吗？69 元！你没听错，不到百元就可以购买一枚钻戒，这是曼卡龙为吸引客流推出的"520"线下门店活动。"520"是珠宝品牌重要的营销节点，低价、有噱头的产品往往是宣传蓄客、引导用户进店消费的重要产品。说起珠宝，用户的第一反应都是至少要成千上万元，而曼卡龙用一枚 69 元的钻戒成功吸引了用户的注意。

　　钻戒用的是真的钻石，只不过是碎钻，对于珠宝商来说，碎钻原材料不值钱，制作一批低价的钻戒来吸引用户进店的成本极低。曼卡龙不指望通过 69 元的钻戒赚钱，其目的是用 69 元的钻戒吸引用户到店，然后店员再向用户推荐其他产品，挖掘用户的需求（很多用户都是看到产品并经过推荐后心动，从而产生购买行为），最终引导成交。用低价产品吸引客流，是很常见的活动营销手段。

案例解析

（1）活动时间的选择很重要。69 元的低价钻戒不能成为日常消费的常态，因为如果钻戒一直是 69 元，就会让用户的内心有一个锚定价值对比，从而降低用户对整个珠宝的价值认知。这个产品只能作为活动促销商品。首先要选择恰当的时间节点，促销节点很多，比如商场周年庆、"618""双 11"等，但是这是整个大促的活动，其他品牌也是铆足了劲儿的，69 元的钻戒促销活动很容易被淹没在泛滥的促销信息中。对于珠宝品牌来说，应该抓住情侣间表达爱的节日作为重要营销节点，"520"、情人节、七夕节都是情侣消费欲望爆发的重要时间节点，珠宝品牌应该在这 3 个重要时间节点拿出最有力度、最能直击人心的活动来吸引用户。

（2）促销商品的选择很重要。选择低价而有吸引力的产品是很讲究的，对不同的品类，线上、线下的选品思路都是不一样的。电商可以做一个亏本卖的爆款，产品本身亏本，但是做成爆款后，这款产品会在搜索排序的前面，从而为整个店铺带来流量，带动其他产品的销售，让店铺通过其他产品实现盈利。

线下门店则不一样，因为没有搜索优势，产品的销量不重要，重要的是这个产品要能击中用户的内心。这个产品要是一个常见的，并且大部分人都产生价值锚定的产品，比如钻戒，用户的内心认知是万元产品，然后再给出一个意想不到的价格，即 69 元，这样的对比才会足够震撼人心，以及引发用户的好奇心。如果 1 万元的产品打 9 折，降价到 9000 元，对用户来说，那就是普通的降价活动，完全不会起到引发好奇心的作用。

（3）宣传方式很重要。曼卡龙 69 元钻戒活动的宣传不是很到位。在网上搜索信息，没有搜到这次活动，可见很多用户根本不知道曼卡龙做了一个这样的活动。如果一个活动仅限于在店铺、商场内部宣传，客流是极其有限的，69元的商品赚不到钱，一个好的活动创意就会被淹没。这个活动最适合在社交媒体传播，可以用"我竟然买到了69元的钻戒"作为文案标题，并加上图片，或者用"男朋友竟然用一枚69元的钻戒求婚！"等文案吸引人，这样可以在社交媒体制造曼卡龙69元钻戒的话题（类似于有人花了17元吃海底捞，虽然这是用户自发行为，但是对海底捞来说却是一次免费的宣传自己服务好、价格便宜的营销机会），从而引发大家的讨论，让大家最终发现原来是曼卡龙做的活动，让线上为线下门店引流。

案例模板

曼卡龙69元钻戒活动策划方案

活动主题："520"特供69元钻戒为爱助力。

活动时间：5月18日，5月20日。

活动玩法：

以低价钻戒引流，其他产品活动做成交销售。

（1）每家门店限量供应10枚69元钻戒（仅限活动期间购买）。

（2）其他产品满300元减30元（或者折上9.5折）。

活动门店：活动参加门店100家（建议用表格统计参加活动的门店，方便后期物料配送、店员培训等工作）。

活动预算：100万元（主要为媒介传播＋物料制作成本）。

预计网络曝光：1000万＋。

预计线下客流：每家门店增加 10 ～ 20 位潜在用户，全国门店增加 2000 位潜在用户。

活动传播方案：

（1）100 位 KOL 社交媒体软文传播（付费采买）。

（2）商场免费资源位传播（如商场自媒体、商场户外广告、地贴等）。

（3）公司自媒体资源位传播（微博、微信、小红书、抖音、B 站等）。

（4）店铺资源位传播(如展架、柜台贴纸、导购口头宣导活动)。

活动分工：活动分工如表 7-6 所示。

表7-6 曼卡龙 69 元钻戒活动分工表

曼卡龙 69 元钻戒活动分工表		
工作大类	工作内容	截止时间
活动方案撰写	（1）活动方案撰写（活动爆款产品选择和定价、活动时间点选择）。 （2）活动方案汇报和预算申请（预算主要用于传播资源采买，传播方案需要单独做）。	活动开始前 1 个月
活动准备	（1）活动产品准备。 （2）活动物料准备（地贴、展架等物料设计和制作）。 （3）活动物料配送（有些物料可以由门店就近自行安排制作，只要发送设计文件即可）。	活动开始前 1 个月（涉及物料配送，建议提前 1 个月准备）
门店培训	告知门店活动方案，对员工进行线上培训。	活动开始前 1 周内（尽量靠近活动开始第一天，不然培训完员工容易忘记，效果不好）

曼卡龙 69 元钻戒活动分工表		
工作大类	工作内容	截止时间
活动传播	（1）活动传播方案。 （2）活动传播资源采买（核心是 KOL 资源采买，预算多的情况下建议多平台覆盖，预算有限的情况下建议集中力量在一个平台发声，珠宝类产品尤其适合小红书这种女性用户集中的平台）。 （3）传播素材准备（如钻戒的实拍图、图文、段子、传播短视频等，可供 KOL 取用再创作）。	活动开始前 2 周
活动执行	（1）活动传播效果监控（一般活动开始前 1 周可以开始大量制造预热话题）。 （2）活动门店到店人数统计。	活动期间
活动复盘	（1）活动传播方案复盘（传播数据、传播效果、话题热度等）。 （2）活动实际门店销售额统计。	活动结束后 2 周（一般需要等 KOL 反馈数据）

方案撰写要点

此活动方案的商品选择和活动定价策略都很好，好活动就应该有好传播，这样好活动的价值会被无限放大。在这个活动中，最重要的是传播方案，而且这个传播方案还不能是硬广，必须是软文植入、KOL 传播、UGC 创作的二次传播，这个活动才能够真正火起来，实现其为线下门店引流的目的。

另外，此活动涉及线下门店较多，门店培训工作要做到位，要让每个一线导购真正了解活动，能为用户介绍清楚，能够承接好线上流量导入线下门店的客流，通过 69 元钻戒做好线下门店的其他产品转介绍，从而实现成交。

第 8 章

品牌影响力

　　一个公司策划大型品牌活动，通常需要持续不间断地策划同一个主题的活动。一般来说品牌会花 5 ～ 10 年来打造一个 IP 活动，通过 IP 活动提升品牌影响力，让用户形成认知，进一步影响用户的决策，再通过 IP 活动持续不断地为品牌创造价值。本章选取天猫超级品牌日、拼多多百亿补贴、小米米粉节、肯德基"疯狂星期四"、五菱宏光 MINIEV 改造大赛、新品上市点亮大楼这 6 个大型活动来阐述如何做好一场大型品牌活动。

天猫超级品牌日：为品牌而生的 IP 活动

案例概述

天猫商城为了帮助商家更好地提升品牌知名度，达成 GMV 目标，积累用户，策划了各种各样的 IP 活动，如天猫小黑盒（主打 30 天内新品上市的营销推广活动）、天猫超级粉丝日（主打粉丝）、天猫超级品牌日（主打品牌）、天猫超级会员日（主打会员）等。

以天猫超级品牌日为例，这是天猫 2015 年推出的 IP 活动，一年有 100 多场活动（也就是有 100 多个商家被选上参加活动），平均每 3 ～ 4 天就有一个品牌做超级品牌日活动。活动玩法是天猫和品牌商家把某一天定为品牌商家的品牌日，这一天是仅属于品牌商家的独家营销活动日。在活动当天或者前后几天，商家通过新品首发或者旧品的打折促销来刺激用户购买，促进商家粉丝和品牌互动，提升品牌粉丝黏性，最终实现 GMV 目标。对于品牌商家来说，这是仅次于"618""双 11"的年度品牌大活动。

案例解析

不同 IP 活动有不同的知名度、流量与不同量级的销售额贡献，对报名商家的要求也是不一样的。经过七八年的时间积累，天猫的超级品牌日已经是比较受认可的 IP 活动了，活动流量也比较大，对商家来说是提升品牌认可度、推广新品的好机会。一年只有 100 多场活动，这意味着这类 IP 活动对商家的要求比较高，只有做得比较好的品牌才能报名这类活动。

这类 IP 活动是商家和天猫双向投入，最终是为了实现双赢。天猫借助商家投入推广自己的 IP 活动，提升平台的 GMV，最终完成销售 KPI，商家则借助天猫 IP 活动提升店铺的 GMV 和品牌知名度，推广新品。

报名类似活动，平台对商家的要求一般有以下几点（不同的 IP 活动要求不同，核心商家要为平台提供独特的价值，这样才不会浪费平台为商家倾斜的流量）。

（1）商家年度销售额需要达到一定门槛，而且在天猫平台信誉良好（没有违规事件）。

（2）活动期间销售额必须达到一定额度。

（3）活动期间商家提供的折扣力度必须是年度第 × 低（除"618""双 11"）。

（4）活动期间新增粉丝和会员必须达到一定数量（一般超级粉丝日和超级会员日对用户新增数和 GMV 贡献的要求会更高）。

（5）活动期间商家必须提供某新品在平台独家首销等商家对平台的政策支持。

（6）活动期间商家必须提供一定金额的礼品投入。

（7）活动期间商家必须投入一定金额的站内付费（直通车、钻展等）。

（8）活动期间商家必须提供一定金额的媒体投入。

（9）部分活动还会有活动报名费。

平台会为商家提供以下几个方面的扶持（不仅限于）。

（1）平台流量倾斜，比如按 2%、5%、7% 不等的比例分配流量。

（2）打上平台独家的标志以推广产品，提升产品的认可度（尤其是天猫超级品牌日这样已经培养用户认知的 IP，对提升品牌的知名度和认可度很有帮助）。

（3）平台会为商家提供活动坑位、推广位。

（4）平台会为商家提供官方排行榜（如入选天猫小黑盒TOP100新品）。

（5）平台会为商家提供平台内部的案例推广支持（如入选阿里内部TOP10）。

（6）往往能够为下一次活动提供更多流量支持。

这类活动一般有以下3个阶段。

第一阶段：商家报名阶段。商家评估自己是否符合平台的报名要求，选择适合自己的IP活动进行报名，比如有新品时可以报天猫小黑盒；想做会员提升，可以报超级会员日。

第二阶段：平台筛选阶段。如果是实力比较强的商家，基本上是商家选IP活动；如果商家实力比较弱，那么就是平台选商家。

第三阶段：活动落地，双方资源对投，合作共赢。商家满足平台的要求，那么就要按照平台的要求准备，如准备活动页面（为了提升IP知名度，平台对于页面都有自己的规范和要求）、准备媒体投入，准备平台付费投入，准备礼品投入……

报名类似的活动，对于商家来说，要衡量投入产出比，比如平台要求资源投入总金额达到1000万元，那么商家要考虑平台为商家提供的流量扶持是否能让本次活动产生有性价比的GMV，是否可以提升品牌知名度。如果商家本身就要投入1000万元预算在媒体和站内付费资源上，那么只是把这些折算到这个IP活动上，显然报名类似的IP活动很具有性价比，能获得额外的流量资源。如果商家本来就达不到报名资格，凑1000万元去参与活动，显然性价比就没有那么高。因此报名前要认真评估此类IP活动是不是自己品牌能够承受的，不要跟风，盲目地去做。

对于平台来说，目标是通过持续不断地打造 IP，转化流量，同时培养用户认知。引导商家持续在平台投入，可以借助商家的站外媒体推广提升自己 IP 活动的知名度。此外，IP 活动也是保证平台用户活跃和购买的关键活动。

随着平台 IP 活动被越来越多商家和用户认可，类似的 IP 活动就越来越多。除了天猫在持续迭代优化自己的 IP 活动，京东、抖音也有不少类似的活动，如京东的超级品牌日、京东小魔方（新品）、抖音的开新日。

案例模板

天猫超级品牌日活动策划方案

活动背景：某品牌新品上市，借助天猫超级品牌日推广新品，提升店铺知名度，实现 GMV 提升。

活动主题：某品牌天猫超级品牌日。

活动时间：8 月 25 日（8 月 20—24 日为活动预热期）。

活动目标：

（1）活动页面 UV：300 万～400 万。

（2）GMV 贡献 3 亿元，新品销售占比超过 20%。

（3）粉丝会员新增 3 万人。

（4）会员 GMV 渗透率 45%。

活动预算：1000 万元。

活动 ROI：1：30。

活动玩法：

（1）活动期间新品上市，天猫平台独家销售 1 天。

（2）活动期间，20 款产品享 5 折优惠。

（3）活动期间，买某产品赠送礼品。

本次活动报名要求:

(1)500万元站内付费投入,500万元媒体投入。

(2)天猫年销售额不低于10亿元。

(3)必须提供10款以上产品5折优惠力度。

天猫流量扶持:

(1)5%切比例。

(2)天猫超级品牌日专属频道。

活动分工:活动分工如表8-1所示。

表8-1　天猫超级品牌日活动分工表

天猫超级品牌日活动分工表		
工作大类	工作内容	截止时间
活动报名	(1)活动报名材料准备(活动方案PPT、报名表、KPI表等)。 (2)活动项目对接,进度推进,报名进度查询。 (3)提炼商家要求,传达到商家内部。	7月30日完成(一般大型活动中,合作双方会提前2个月左右开始进行沟通)
活动项目汇报	(1)活动项目立项。 (2)店铺活动方案、传播方案、礼品方案整合并汇报、沟通。 (3)活动预算汇报与审批。	7月30日
活动准备	(1)活动页面素材准备。 (2)商品链接配置。 (3)客服培训。	8月20日之前

方案撰写要点

天猫超级品牌日活动既有从天猫角度撰写的方案,也有从品牌商家角度撰写的方案,本次活动方案是从品牌商家角度撰写的。此活动为大型活动,需要涉及的工作量、活动表格、活动方案

PPT 比较多，这次活动策划方案写的是流程大纲。活动策划方案撰写有以下两个注意点。

（1）报名方案要遵照要求撰写。天猫对报名商家的活动方案有要求，这种报名方案要根据平台为商家提供的模板或者要求进行撰写。一般会要求提供 PPT 展示活动方案，提供表格、清单做活动管理。总之一句话：学会按照要求做。不要自作主张，做无用功，天猫提供给商家的模板是经过很多轮打磨的，是能提供平台最想要的信息的模板。

（2）内部方案要整合。因为是品牌大型活动，内部涉及的方案比较多，比如店铺的活动方案、媒体传播方案（站内和站外）、礼品方案。整个项目的负责人要学会把这些方案整合到一起，方案不一定是由一个人完成的，但是对外输出、对内汇报都要由项目负责人进行推动。

🐛 拼多多百亿补贴：针对高端用户的翻身仗

案例概述

在 2019 年"618"活动中，拼多多凭借百亿补贴活动一炮而红，终于在一、二线城市的用户中有了自己的一席之地。通过这场针对高端用户的翻身仗，大家提起拼多多的第一印象再也不是假货、低端货，而是 500 多元的神仙水，不用苦等"618""双 11"也能享受大促价格的优质商品。

即使用户对拼多多其他产品的质量还存在质疑，但是对百亿补贴的产品却树立了信心，闭着眼睛买标有百亿补贴的产品，基本上不会出错，拼多多的百亿补贴产品对于用户来说是物美价廉的代名词。经此一战，拼多多坚持把百亿补贴作为公司重要策略，通过持续策划百亿补贴活动，用户的满意度和信任度逐渐得到提升，拼多多终于在高端用户中撕开一条口子，逐步拥有了自己的市场份额。

拼多多百亿补贴产品能获得用户如此信任，是因为有一系列的售后保障。目前，官网提供的保障是安心买（有 17 项权益），其中最受用户信赖的是买贵必赔（网页有一个退款按钮）和假一赔十，还有随心退（有 5 项权益），其中一项是只换不修。正是通过把大额营销费真正补贴给用户，让用户享受全网低价，再加上安心买和随心退的权益保障，拼多多百亿补贴才逐步让用户建立信心。

案例解析

（1）拼多多一贯的营销策略是把本用于广告营销的预算直接补贴给用户，通过用户口碑传播、裂变等方式营销，让用户真正享受到物美价廉的产品。一直饱受假货、低端货困扰的拼多多急需一个活动改善用户对它的印象，百亿补贴就是这样一场及时扭转拼多多形象的活动。把真金白银补贴给用户，拼多多树立了高端正品的低价平台形象。百亿补贴活动简单粗暴，就是直接降价，让利给用户，没有满减、折上折、折上券等一系列复杂的"数学题"。这对于饱受大促期间要做"数学题"困扰的用户来说，真有一种前所未有的清爽感。

在当时"618"活动时，拼多多还有一些小技巧来提升用户对平台高端定位的认知。当时拼多多开通了大公司用户购买专属通道，给人一种只有高收入群体才买得起的感觉。实际在操作中，拼多多根本不验证用户是否属于大公司的员工，任何人随便搞个大公司邮箱后缀，即可享受拼多多大公司专属通道产品。邮箱不需要验证，只是走个过场。从活动运营角度来看，这是多此一举的做法，但是从用户认知建立来看，这是锦上添花的一笔。

（2）对于商家来说，百亿补贴意味着流量和订单。拼多多从2019年的"618"开始把百亿补贴变为公司的战略级活动，在首页单独开设入口。据说此入口已经有1亿的月活量，有1000万用户在百亿补贴活动中挑选商品。商家通过报名百亿补贴活动享受到第一波平台扶持流量后，因为产品物美价廉，用户会持续产生复购、推荐购买行为，从而让一款产品迅速成为爆款，尤其是农产品，属于高频消费的产品，只要品质过关，价格低廉，用户会持续在这个链接里购物，并且把这个链接推荐给朋友，一个产品很容易在百亿补贴活动中起量。在持续的"真香"体验中，拼多多已经成为商家和用户双向奔赴的优选平台。

（3）对于竞品来说，这是一个值得模仿的好活动。自从拼多多百亿补贴活动一炮而红后，百亿补贴成了各个平台的活动，琳琅满目的百亿补贴活动让用户眼花缭乱，而这些产品是否真正低价就不得而知了。这些活动在用户心目中的认可度和独一无二性并不高。

案例模板

拼多多百亿补贴活动策划方案

活动主题：拼多多百亿补贴活动。

活动目的：借助"618"大促活动，通过百亿补贴塑造拼多多在用户心目中物美价廉的平台形象。

活动时间：5月23日—6月20日。

活动玩法：启动百亿补贴活动，甄选10000款最受全国用户欢迎的商品进行大面积补贴。百亿补贴活动包含"每日专场""今日必买""精选大牌"等多个专区。

活动预算：10亿元（拼多多一个季度的营销预算在40亿元左右，推测百亿补贴活动投入超过10亿元）。

活动GMV目标：300亿元（按照1：30的ROI测算，此数据为推断数据，不是拼多多发布的业绩数据）。

活动分工：活动分工如表8-2所示。

表8-2　拼多多百亿补贴活动分工表

拼多多百亿补贴活动分工表		
工作大类	工作内容	备注
活动方案撰写	（1）活动方案撰写（时间、主题、预算、货品策略、传播方案）。 （2）活动方案汇报和立项。 （3）活动预算汇报和审批。 （4）活动公司内部立项。	大项目涉及的部门多，投入预算多，都需要内部立项，投入全公司资源来推动项目。
活动招商	（1）商家报名资格确立（如销售额、货品量、品牌、GMV保底销量等）。 （2）开通商家报名通道（可能需要单独做程序开发）。 （3）商家报名，后台初筛。	活动招商阶段就是商家和平台双向选择的阶段，一般来说，活动强势时平台就拥有话语权，活动没有声量时，平台需要做出一个案例，给商家树立信心。
活动准备	（1）相应的后台程序功能开发。 （2）活动KV、页面、素材准备。 （3）商家培训（商家客服、平台客服培训，熟悉相应活动规则）。 （4）媒介采购和投放。	

案例撰写要点

拼多多把百亿补贴作为自己战略级的活动，每年活动频次高，本案例仅选取"618"这一场百亿补贴活动。

　　天猫超级品牌日是从商家角度来写的活动方案，拼多多百亿补贴活动是从平台角度来写的活动方案。因为这个方案是从甲方（平台）角度出发的，就把天猫超级品牌日活动策划方案中的商家报名流程相对应变成了平台招商流程。

　　两个方案在其他方面是比较类似的，都是大型活动，工作内容不会由一个人来完成，项目负责人主要做的依然是推动项目，把控流程。此方案写的是流程框架，也就是整个方案具体有哪些工作大类，更多的是梳理项目流程，而不涉及具体落地执行。

小米的米粉节：发烧友的狂欢日

案例概述

　　小米成立于 2010 年 4 月 6 日，2012 年 4 月 6 日，小米在 798 艺术区的 D-park 举办第一届米粉节，从此小米把每年的 4 月 6 日定为米粉节，用来答谢与回馈小米的忠实粉丝（米粉）。第一届米粉节，雷军亲自到现场，公布了以下 3 个活动。

　　（1）第六轮 10 万台手机公开购买。

　　（2）所有配件全场 6 折，让利 3000 万元。

　　（3）和电信推出电信合约机，带来极优惠的套餐。

　　在这些狂热粉丝的支持下，小米当日创造了 6 分多钟销售 10 万台手机的记录。在后续的米粉节中，小米通过发售新品、让利优惠、回馈粉丝、活动游戏，一次次刷新了米粉节的销售额，让每年的 4 月 6 日成为米粉狂欢的日子。

案例解析

雷军曾经在送给米粉的贺卡上写道："小米的哲学就是米粉的哲学。"对于商家来说，更好地服务于忠实粉丝，让粉丝为之"发烧"，是生意经久不衰的关键。正是这些米粉口耳相传的口碑与反复持续的购买行为为小米创造了源源不断的价值。一般商家为了更好地服务于这些粉丝，会创造一个专属于粉丝的节日，如小米的米粉节用来回馈小米的狂热粉丝。那么一般粉丝专属节日会通过哪些活动来吸引粉丝呢？

（1）新品首销。在粉丝节，商家会通过推出新品来吸引粉丝的注意，一般来说新品要么具有极强的性能，要么具有极高的性价比，让粉丝有一种买到即赚到的感觉，刺激粉丝为新鲜感、性价比埋单，让粉丝冲动消费。

（2）活动让利优惠。既然是粉丝狂欢节，那商家必然有大幅度的让利优惠活动。怎么让利也是一门学问。小米在10周年庆时打了一把情怀牌，为小米手机1的用户提供一个1999元无门槛红包，可于8月16日在小米商城购买任何东西，相当于10年以后小米公司把小米手机1白送给了第一批支持小米手机的用户，据统计，小米这次的红包辐射9.7万用户，累计红包金额1.94亿元，这波活动赚足了情怀。

（3）粉丝专享购。一般会提供几款产品，仅限粉丝购买。比如稀缺货品的购买权限，折扣仅限粉丝享受。通过粉丝专享购来强化粉丝的认知，让粉丝感受到自己被重视。

（4）趣味性活动。通过设计趣味性活动，让用户感觉到粉丝节不仅仅是买买买，还搭配有一些趣味性活动。通过趣味性活动激发沉睡用户，转化新用户。即使用户没有购买，也可以用活动进行承接，让用户和商家产生关联。

案例模板

小米米粉节活动策划方案

活动主题：小米米粉节活动狂欢盛典。

活动时间：2022 年 4 月 6 日。

活动目的：回馈小米粉丝，持续打造米粉节 IP，强化米粉对小米的忠诚度。

活动玩法：

（1）小米某型号手机新品首销，每个小米粉丝仅限购买 1 台（稀缺货品）。

（2）10 款产品享受一定金额价格优惠。

（3）通过分期免息、买赠等活动加强优惠力度。

活动预算：1 亿元。

活动目标：全平台 GMV 45 亿元（参考了 2021 年米粉节的战报销售额）。

活动分工：活动分工如表 8-3 所示。

表 8-3　小米米粉节活动分工表

小米米粉节活动分工表		
工作大类	工作内容	备注
活动方案撰写	（1）活动方案撰写和汇报。 （2）活动预算规划、汇报和审批。 （3）活动方案项目启动会（公司动员会，全部门拉通）。	本次活动会涉及 4 种用户，包括线下体验店、自有商城、第三方平台电商、米粉俱乐部的用户。

小米米粉节活动分工表		
工作大类	工作内容	备注
活动准备	（1）活动素材 KV、页面等准备。 （2）媒介资源采买和媒介素材准备。 （3）商品策略制定（新品策略、库存量、定价等）。	需要分部门进行准备活动，项目负责人需要统筹协调，对外统一输出部分，如素材、主题、商品价格等。
活动落地和执行	（1）线下粉丝狂欢活动的落地和执行（用户互动型）。 （2）米粉用户活动的落地和执行（用户互动型）。 （3）电商平台活动的落地和执行（商品销售型）。 （4）小米商城活动的落地和执行（商品销售型）。 （5）线下体验店活动的落地和执行（商品销售型）	活动主要分为用户互动型和商品销售型，不同的活动应该由不同的部门进行落地和执行。

方案撰写要点

不同于天猫和拼多多的活动，小米的米粉节纯粹是小米集团公司的大型活动，不涉及第三方商家，所以在整个活动流程中没有商家招商或者报名的环节。

根据历史数据显示，这种类型的活动 GMV 在几十亿元左右。对小米公司来说，这肯定是个跨多部门的大型营销活动，活动的 PM 需要具有资深活动经验和跨部门协调统筹大活动的能力，他肯定不是具体写活动方案的人，而是去协调、推动整个项目的人。

要推动大项目，肯定不是一个人在干活，而是一个团队一起在干活，把公司各个部门整合在一起。比如整体营销活动方案只是一个大框架（如活动主题是什么，KV 是什么样的，活动策略是什么样的，活动时间是什么时候），通过方案去牵动各个部门，比如电商部出电商的活动方案，线下零售部出线下门店的活动方案，媒介部出媒体传播方案，公关部出公关活动方案，数字营销部出数字媒体传播方案。具体的活动方案和细节在本案例模板里不再展开。

🍗 肯德基"疯狂星期四"：疯四文学体

案例概述

29.9 元 8 只蛋挞，19.9 元 4 盒鸡米花，19.9 元 3 份波纹薯条中薯……这是属于肯德基的"疯狂星期四"活动。每周四肯德基都会推出特价优惠产品，价格低到让人惊喜，只需要 9.9 元、19.9 元、29.9 元就能买到肯德基超值的热门产品（如鸡块、薯条、汉堡、蛋挞等）。

早在 2018 年时肯德基就推出了"疯狂星期四"活动，但是那时候活动不温不火，而肯德基"疯狂星期四"的"小作文"让这个活动变火了，以至于每到星期四就有"小作文"席卷微信朋友圈、群聊以及各个社交平台。

先来梳理一下肯德基"疯狂星期四"活动的演变路径。

（1）2018 年，肯德基首次推出"疯狂星期四"活动，当时的宣传口号是"疯狂星期四"某产品 9.9 元，还拍摄了视频，投放了大量的电梯广告，只是当时这个活动不温不火。

（2）直到 2021 年 5 月左右，网络上出现了"疯狂星期四"体文案，如"看看你那垂头丧气的样，知道今天是什么日子吗？

今天是肯德基疯狂星期四"。文案经过了网友的加工，就演变出了各种风格的"小作文"，逐步引发了网友的自发传播，让肯德基"疯狂星期四"活动热度也随之水涨船高。

（3）2021年12月31日，肯德基借着"小作文"的东风，官方出面举办了"疯四文学盛典"，让网友展示创作才华，从此奠定了肯德基"疯狂星期四"活动的地位。"疯狂星期四"活动开始逐步深入人心，成为肯德基的一个固定IP活动，现在只要想到星期四，大部分人都能立马联想到肯德基，可见这个IP活动多么深入人心。

案例解析

通过固定的时间节点、固定的消费仪式形成用户记忆，从而降低品牌推广的成本，累积品牌资产，是很多品牌都会策划的营销活动。比如麦当劳的"嗨翻星期一"，蜜雪冰城的"周三会员日"，还有其他品牌的月度粉丝日、会员日等。但在一众品牌活动中，只有肯德基"疯狂星期四"活动脱颖而出。为什么呢？

（1）长时间的活动积累是活动脱颖而出的关键。肯德基的"疯狂星期四"做了超过5年的时间，才逐步在用户心中占有一席之地。打造用户认知的活动都需要长年累积和持续的活动信息触达，还要有创意玩法，从而让用户对这个活动印象深刻。这需要活动策划人具有耐心，能够持之以恒地做这个活动，切忌中间换活动时间、主题等，混淆用户认知，让用户无所适从。一旦半途而废，前面的积累就会化为乌有。

（2）活动要真正让利于用户，用户才会自发传播口碑，最终在用户中破圈。一旦用户发现自己被虚假的促销活动欺骗，那么就会立马放弃这个活动。比如有些品牌虽然策划类似会员日的活动，但是实际不降价，或者明降暗升，没有真正让利于用户，这样的诡计总会被用户识破。活动力度不够大，完全吸引不到用户持续地参与活动，也就无法让用户自发地为品牌做传播。

（3）营销传播策略可以根据传播效果及时做调整。活动主题、形式、时间要固定，让用户形成认知，自然会成为品牌资产，营销传播策略则可以调整。比如肯德基请明星拍 TVC 并投放电梯广告，效果不佳，但是竟然因为网友的"疯狂星期四"的"小作文"而火了，便迅速调整了策略，鼓励用户大量创作"疯狂星期四"的"小作文"，借势传播，让"疯狂星期四"在各种段子和话题中一次又一次地被传播。活动越是被广泛传播，创作的内容就越丰富，从文案逐步演化出视频、故事、图片，开始在社交媒体进行传播，从而形成了用户的自发传播和 UGC 传播。

案例模板

肯德基"疯狂星期四"活动策划方案

活动主题： 肯德基"疯狂星期四"活动。

活动目的： 强化用户心智，增加用户黏性。

活动时间： 每周四。

活动玩法： 每周四用户可以以极低的价格享受肯德基的爆款单品，实际优惠产品以门店为准。

活动门店： 全国肯德基门店。

活动预算： 1000 万元。

活动传播资源：

（1）线下门店资源（展架、贴纸、员工口头宣导）。

（2）邀请明星拍摄 TVC，投放电梯广告。

（3）UGC 创作大赛，形成二次传播。

活动分工：活动分工如表 8-4 所示。

表 8-4 肯德基"疯狂星期四"活动分工表

肯德基"疯狂星期四"活动分工表		
工作大类	工作内容	备注
活动方案撰写	（1）活动方案撰写（活动时间、主题、商品定价、玩法）。 （2）活动方案汇报和审批。 （3）活动预算审批。 （4）活动传播方案制定。	
活动准备	（1）活动方案门店触达（一般为邮件）。 （2）线下门店活动培训（PPT+视频会议等形式）。 （3）活动素材、KV 等设计，线上页面直接上线即可，线下可分发素材，让门店自行制作（如贴纸、展牌、展架等物料）。	实际活动在线下门店落地，活动初期需要店员给用户解释活动方案，所以对店员进行培训这个环节很重要。
活动落地	（1）线下门店活动落地执行。 （2）线上上线相应购买链接。	购买行为在线上，需要上线相应的商品链接、活动素材。实际消费在线下门店完成，门店需要布置活动场地，店员进行配合。
活动迭代	当方案成熟以后，每周活动基本上是固定的，直接上线活动即可。当有好的创意时，可以对模板进行优化迭代。	若遇到传播方案调整，比如策划"疯四文学盛典"等活动，则需要重新启动一个活动策划方案。

方案撰写要点

每周四都举办活动，活动的频次是很高的，那么对这个活动方案来说，最核心的是不断迭代活动，在迭代中进步，在迭代中优化。这个方案撰写的要点是，先有一个基础方案，整体的活动每周固定按照基础方案执行，但是不能每次一成不变，想到好的方案时，或者发现热点时，或者发现活动有声量时，要及时优化活动方案，抓住热点事件。

比如第一次的传播方案写的是邀请明星拍摄 TVC，投放电梯广告，发现效果不佳；第二次就迭代到社交媒体 KOL 软文植入，引导发声；再到发现"疯狂星期四"的"小作文"爆火时，就迭代成"疯四文学盛典"活动（这个活动需要单独做活动策划）。第一次活动方案是 9.9 元买炸鸡，效果不佳之后，就迭代到产品更丰富，价格层次更丰富，实际优惠力度更大。

五菱宏光 MINIEV 改造大赛：形象逆袭之路

案例概述

五菱宏光 MINIEV 这款车自推出以来，因其可爱的外形、极低的价格收获了一众用户。用户自发地用自己的方式改造五菱宏光 MINIEV，让自己的爱车独具个性，并且改造成本极低，贴个膜就能换一种造型。各种或可爱或复古或炫酷的五菱宏光 MINIEV 车的造型不断在社交媒体被用户晒出来。五菱宏光索性借势推出了官方的五菱宏光 MINIEV 改装大赛。

这次改造活动分为以下 4 个阶段（内容根据网络信息整理）。

第一阶段：线上征集，在社交媒体平台征集用户各种改造的造型，设立奖项，为五菱宏光 MINIEV 改造大赛在社交媒体上造势。

活动主题：宏光 MINIEV "装·出腔调"线上潮创大赛。

活动时间：2021 年 1 月前。

第二阶段：线下改造大赛，在网络大赛上脱颖而出的用户可受邀参加线下的改造大赛。

活动主题：延续网上主题"装·出腔调"。

活动时间：2021 年 1 月。

活动地点：广州塔。

第三阶段：粉丝潮创盛典，在线上活动和线下活动取得一致好评后，趁热打铁，举办粉丝潮创盛典，邀请五菱宏光 MINIEV 用户驾驶自己的爱车亮相本次活动盛典，让粉丝们齐聚一堂。

活动主题：大人们的小乐园"装·出腔调"粉丝潮创盛典。

活动时间：2021 年 3 月。

活动地点：上海。

第四阶段：各地经销商自发组织当地五菱宏光 MINIEV 车主举办改造大赛。通过前面 3 个阶段线上与线下活动的造势，五菱宏光 MINIEV 改造大赛的话题深入人心，因为广州与上海的两个线下活动辐射范围有限，各地经销商借势组织了本地大大小小的改造大赛，让创意在全国各地继续飞一会儿。

案例解析

五菱宏光 MINIEV 一经推出，受到了大量年轻人的喜爱，尤其是女性用户，更是把自己的车改造得十分可爱，据官方统计这款车的改造率在 70% 以上。五菱宏光借车辆改造的势头，通过官方举办改造大赛，把潮生活的概念和 MINIEV 这款车型强绑定，扭转了自己原本廉价、土、低端的形象，把潮、时尚、可爱、复古、实用性强、性价比高这样的品牌形象植入了用户心中。这款车型还借助改造大赛这个势头在社交媒体大火了一把（2021 年

3月前后，微信朋友圈出现了很多人分享的各种改造后五菱宏光MINIEV的图片）。

对于汽车品牌来说，单纯的促销降价早就无法打动用户，也会让用户麻木而忽略促销信息。再加上五菱宏光MINIEV的价格已经很低了，很难再从价格上冲击用户，于是品牌选择了举办改造大赛的大型活动。

（1）活动切入点找得很好，把改造汽车等同于车主品位好，有生活格调。在很多人的印象中，汽车改造是一件复杂且费钱的事情，只有汽车的狂热爱好者才会去做。这次活动则把改造潮流化、时尚化、日常化。简单地给车的外壳贴纸，将内饰改造优化，都代表了车主热爱生活的态度，他们追求时尚，追求个性，汽车改造不再独属于发烧友了。通过本次活动挖掘有创意的车主，对他们的改造行为进行奖励（物质上是设立奖项，精神上则是认可各种有创意的小改造），让车主有一种被认同的骄傲感。

（2）这是一整套的整合营销方案，时间和活动上都层层递进。线上活动先行，先在社交媒体造声势、造话题，为后续线下活动积蓄用户，让改造大赛深入人心。接着则是两场重点城市的线下活动，广州和上海这两个城市本身就是时尚潮流的聚集地，对全国具有辐射性效应，虽然全国其他城市的用户很难参加，但是线下活动重在打造声势。首先是广州的线下改造大赛，这是完全承接线上活动的；其次是上海的粉丝潮创盛典，让更多改造车的车主能够得以亮相，让活动得以持续发声；最后则是借助话题热度，发动各地方的经销商自行组织活动，让活动的长尾效应最大化。

（3）社交媒体持续传播，产生长尾效应。那些被改造得很酷的车难道都是出于用户的自发行为吗？不排除有这样的普通用户，但是更多的是被官方提前安排的 KOL。这些 KOL 在社交媒体拥有一定的粉丝量，具有号召力，再加上有自己的时尚品位，都是品牌方做活动时重点邀请的对象。他们往往会根据品牌的需求，融入一些自己的想法，通过社交媒体传播内容，进一步帮品牌活动发声。后续网络上（微博、微信、小红书、抖音、快手等）传播着五菱宏光 MINIEV 改造后各种时尚炫酷的图片，也是官方或者 KOL 提前准备，在社交媒体释放，供用户传播的素材。传播让整个活动得以被持续扩散，线下活动的效果得以最大化。

案例模板

五菱宏光 MINIEV 改造大赛活动策划方案

活动主题："装·出腔调"。

活动时间：2020 年 12 月—2021 年 3 月。

活动玩法：

第一阶段：12 月前为线上改造大赛征集素材。

第二阶段：1 月 23 日线下改造大赛活动。

第三阶段：3 月线下狂欢聚会。

第四阶段：持续发力。

活动预算：500 万元。

传播方案：

第一阶段：传播线上活动大赛，号召用户参赛。

其余阶段：线下活动结束后的二次传播（活动本身和活动素材的二次传播）。

活动预计参与人数：1000＋（官方统计，投稿作品 1000＋）。

活动分工：活动分工如表 8-5 所示。

表8-5 五菱宏光 MINIEV 改造大赛活动分工表

五菱宏光 MINIEV 改造大赛活动分工表		
工作大类	工作内容	截止时间
活动方案撰写	（1）活动方案包括线上活动方案、线下改造大赛活动方案、线下狂欢聚会活动方案，线上活动方案需要重点做，因为这部分是自己做执行。 （2）活动方案汇报立项（整个活动方案是个连续性的大项目，牵涉部门较多，汇报流程也较长）。	活动前2个月
线上活动部分	（1）活动准备工作包括活动规则、活动入口、活动素材图。 （2）活动传播，请 KOL 参与线上活动改造大赛，引导舆论话题。 （3）持续引导用户参与线上活动改造大赛。	活动开始前1个月
线下活动部分	（1）找第三方执行公司报价、比价，公司内部审核。 （2）确认活动执行公司，对接活动主题、方案等，具体让执行公司出落地执行方案。	活动开始前2个月
活动复盘	（1）3 个活动方案可以分开复盘，每个活动结束后及时对传播数据、活动参与人数等进行统计复盘。 （2）整体活动结束后，可以看一些搜索指数、百度指数，观察热度是否有持续上升，衡量整个活动的效果。	每个活动结束后

方案撰写要点

此活动是一个连环活动方案，也就是层层递进，从线上到线下的活动方案，这个活动方案的复杂度很高，需要前期规划好线上、线下的活动，做好时间安排，想好活动创意和主题，然后再按照方案分阶段执行。分阶段执行时，两个线下活动都是大体量、大规模的活动，从场地搭建到车主邀请，工作难度都不小，不过一般公司都会把这类工作交给第三方公司具体执行，但是具体的创意、活动主题，公司必须先准备好。

楼体灯光秀：点亮城市地标

案例概述

越来越多的大楼被点亮，越来越多的品牌选择把大楼的楼体灯光秀作为营销活动的一种方式，大楼也借此机会把自己的楼体灯光做成一种广告资源位出售。这种点亮大楼活动是怎么做的呢？不差钱的人会用这种楼体广告去求婚，比如"某某，I LOVE YOU！某某，Marry Me！"。不过真正不差钱的人还是少数，这种楼体广告主要被各大品牌承包。

活动形式其实很简单，因为楼体广告能够承载的信息量有限，要想让广告能够在远处也被看到，广告内容必然不能是密密麻麻的一堆广告语，楼体广告的内容都是极其简单的几个字（一般不会超过 10 个），这几个字要包含品牌、活动或者产品名。楼体灯光秀的内容制作也很简单，只需要根据楼体所有方的要求，提供相应的视频、内容、画面，即可在固定时间播放广告。

案例解析

（1）这种点亮大楼的活动都是和其他营销活动绑定在一起的。楼体广告对于个人来说收费是有点高，毕竟动辄十几万元、几十万元，但是对于大企业来说就是比较小的负担，只是营销活动中体现创意的一个环节罢了。品牌一般会把点亮大楼活动作为整个活动中的创意部分或者是和用户互动的部分，比如被票选出来排名第一的用户创作内容即可上楼体展示。

（2）这类点亮大楼活动的二次传播很重要。单纯的点亮大楼活动能够辐射到的用户范围是极其有限的（楼体广告只能被很少的用户看到）。这类活动真正的价值在于互联网的二次传播，比如一个品牌承包下10座重点城市的地标建筑，同时点亮楼体，标语是"某新品上市"，再在网络上进行传播（用一些有趣的话术，比如某新品点亮了城市地标），这类宣传方式就会让用户感觉这个品牌很大气，有创意。也有些公司自己就有地标建筑，在品牌出新品、公司周年庆时，也会做点亮大楼活动，在网络上进行二次传播。这才是点亮大楼活动的真正价值所在。

案例模板

新品上市点亮大楼活动策划方案

活动主题：点亮城市地标大楼活动。

活动目的：宣传某新品上市。

活动时间：12月30日20:00。

活动玩法：在12月30日晚上20:00点亮10个重点城市的地标大楼，宣传某新品上市。

活动预算：200万元（100万元用于点亮大楼活动，100万元用于媒体二次传播）。

活动分工：活动分工如表8-6所示。

表8-6 新品上市点亮大楼活动分工表

新品上市点亮大楼活动分工表		
工作大类	工作内容	截止时间
活动方案撰写	活动方案撰写（此方案基本上是和其他大型活动绑定在一起的，只是大型活动一个环节中的小活动）。	活动开始前1个月

新品上市点亮大楼活动分工表		
工作大类	工作内容	截止时间
楼体灯光秀确认	对 10 座城市地标建筑大楼点亮时间、预算、视频格式等进行确认。	活动开始前1 个月
活动传播	活动二次传播媒介沟通与确认（KOL、软文）。	活动开始前2 周
活动准备	（1）楼体灯光秀视频准备。 （2）活动二次传播素材准备（新闻稿、灯光秀图片、新品产品素材）。	活动开始前1 周
活动监控	（1）现场图片拍摄，用于二次传播（为了确保能拍摄到广告，建议安排双机位）。 （2）现场活动控场，出现 Bug 及时修复调整。	活动当天
活动复盘	（1）活动效果复盘（大型活动中的一部分）。 （2）活动传播效果复盘（二次复盘）。	活动结束后1 周

方案撰写要点

点亮大楼活动往往不会成为单独的活动，是需要和其他营销活动相配合的，比如周年庆、新品上市，这就意味着整个活动方案要贴近大活动方案的节奏，时间节奏要随时跟着大活动方案调整（如果新品上市时间有调整，活动时间就要跟着调整）。这就要求活动策划人有比较好的协调能力、沟通能力，对内既能够匹配营销活动的节奏，又能够把控自己的节奏，对外要协调好楼体的广告投放时间。

第 9 章
商场线下活动

　　线下活动执行相较于线上活动来说复杂不少，成本也会大大提升，但是辐射到的用户又远远少于线上活动。对于公司来说，大部分活动都是以线上活动为主，再辅以一些大型线下活动做品牌大项目，线上活动和线下活动相结合，两者相辅相成，互为助力。比如，五菱宏光 MINIEV 改造大赛、新品上市点亮大楼属于这类活动。

　　商场这个商业体更需要线下的客流，会策划比较多的线下小活动，或者希望商家在自己的商场举办活动。关于商场自行举办的活动，本章会讲解商场套娃娃活动、小小主持人大赛、特斯拉集市展 3 个案例，而对于品牌在商场举办的活动，本章会讲解新书签售会、明星线下见面会 2 个案例。

日拱一卒：商场套娃娃活动

案例概述

套娃娃是商场常见的活动，一般都是商场为了吸引客流而策划的活动，一个商场里类似的活动每天不会少于 10 个。活动玩法很简单，就是日常我们看到的套娃娃，转发指定内容到微信朋友圈，即送 5 个套娃娃的圈圈，现场可以免费套娃娃。

案例解析

这个活动毫无创意可言，策划执行都没有任何难度，但是，对于商场来说，这样的小活动却是吸引客流的很好的手段，能够把人气慢慢聚集起来，让顾客在游戏中产生消费。

邀请明星来现场签售或者大型音乐节等活动，投入预算高，人力耗费大，执行难度大，商场不可能天天做，一般只会在开业或者有重大庆典时才会有如此大手笔的投入。大型活动都是用来打头阵，做声势的，类似在一个瓶子里先装入大石块，套娃娃这样的小活动类似沙子，慢慢在瓶子里积累，逐步把人气聚起来。

（1）这类活动策划和执行简单，投入小。商场一年中的任一天都可以策划与执行这类活动。一个活动只需要有一个工作人员维持秩序即可。商场甚至可以在前、后、左、右门与商场中庭多个位置设置类似活动。套娃娃只是其中一种活动形式，商场可以设置很多其他形式的活动，根据节假日或热点策划一些应景的活动，比如元宵节可以猜灯谜，儿童节可以做亲子游戏。这些活动同样不需要创意，只需要策划与执行即可，历年其他商场做过的活动都可以参考。

（2）让顾客通过自发传播来获得参与活动的资格。这种传播要求以简单易操作为原则，比如发条微信朋友圈、发条微博、发个抖音视频，通过让顾客帮助商场做宣传，从而让顾客付出劳动，让他们知道这个活动来之不易。这种小声量的传播虽然比不上媒体的大曝光量，但是小而多（多次、多人、多天）的曝光量也是不容小觑的。

（3）做活动策划不要眼高手低，不要看不上这样无创意、无噱头、无资源的小活动。对于商场来说，这样的活动效果是润物细无声的，每天多做一场活动，就可以多积累一点客流。通过365天的积累，就能比其他商场积累更多的顾客，商场流量就能更好。这类活动比拼的不是创意，而是强有力的执行力。日拱一卒、持之以恒才是这类活动的关键核心。

案例模板

商场套娃娃活动策划方案

活动主题：套娃娃（主题不用于传播，只是方便沟通，不需要绞尽脑汁想创意，随意想一个主题即可）。

活动时间：3月1—8日（一个活动可以持续一周，每天策划1个小活动，商场同时有5～6个活动在进行）。

活动玩法：

（1）现场套娃娃，转发微信朋友圈宣传商场，即可获得5个圈圈免费套娃娃。

（2）妇女节当天女性顾客可额外获赠3个圈圈（因时间节点

接近妇女节，建议营造女性活动氛围，其他节假日同样营造节假日氛围，这样顾客更有情景感）。

活动位置： 商场北门入口（根据商场实际情况挑选活动位置）。

预计活动效果： 每天 100 余人参与。

预计成本： 1000 元（主要用于娃娃采购，现场搭建小物料）。

活动传播方案：

（1）活动位置展架宣传。

（2）工作人员引导用户关注微信公众号，在微信朋友圈传播。

活动分工： 活动分工如表 9-1 所示。

表 9-1　商场套娃娃活动分工表

商场套娃娃活动分工表		
工作大类	工作内容	截止时间
活动方案撰写	活动方案简单明了，做简单汇报，即可落地执行。	活动开始前 1 周
活动准备	（1）娃娃采购。 （2）展架制作。 （3）围栏、地贴等物料采购与制作。	活动开始前 1 周
活动执行	（1）活动开始前一天完成现场简单布置。 （2）现场指派 1 位工作人员对顾客进行引导。	活动期间
活动复盘	（1）统计活动参与人数。 （2）统计顾客对活动的反馈，持续优化后续的小活动。	活动结束后 1 天

方案撰写要点

此活动方案其实没有难点，重要的是要有快速、强有力的执行力，真正把客流聚集在商场，让顾客在商场中流连忘返。商场一天内可以通过策划 10 个小活动来覆盖不同人群，使之停留在商场（如一般家庭喜欢的亲子活动、青少年喜欢的滑板活动、中老年人群喜欢的美食活动）。

儿童为王：小小主持人大赛

案例概述

现在孩子的童年生活真是丰富多彩，一到暑期，各种各样的活动在商场、学校、剧院等地方举行。我曾在暑期路过商场中庭，看到正在举办的小小主持人大赛活动，现场做了场地搭建，整体的氛围充满了童趣。家长和孩子坐在商场中庭等待观看比赛，参赛的孩子化着妆，在舞台后方等待上场，活动的小主持人也是孩子。除了围观的家长和孩子被安排在指定位置观看外，在远处和商场的二楼往上都围满了观众，整个商场活动区域很是热闹。

案例解析

商场很愿意策划亲子活动，这类活动容易聚集人气，家人也愿意带孩子参加，再加上有孩子的爷爷、奶奶、外公、外婆围观，现场人气十足。有了人气，商场的销售额就更容易转化成功。

（1）这类活动对创意的要求并不高，大部分活动都是可以套用模板的（如小小主持人大赛、儿童模特大赛、亲子大赛等）。活动方案能够套用，不需要冥思苦想，也不需要在方案上投入太多时间。这类活动要投入的是现场场地搭建（有些商场会搭建一次场地，连续举办3～5次活动，一次场地的使用时长长达1个月）和落地执行的人力。

（2）这类活动容易聚集人气，一个孩子参加活动，全家五六口人围观，光是参赛选手和围观家属就可以占满整个商场中庭。中庭活动场地一搭建，音响响起，主持人热热闹闹地开场，再加上孩子天真童趣的表演，现场氛围感非常强，路过的观众自然就会停下来驻足观看。只要他们愿意来，愿意停留，就会带动商场的消费。有些人只是买了几个冰淇淋或几瓶矿泉水，而有些人则会买几件衣服，只要客流足够多，消费额就会很可观。只要商场持续有热闹的氛围感，人流就会持续增加，进而形成良性循环。

（3）家长很愿意带孩子参加这类活动。现在生活条件好了，一家只有一两个孩子，家长舍得在孩子身上投入金钱和时间，类似这种小小主持人大赛的活动就很受家长的欢迎。对于家长来说，得不得奖不重要，重要的是孩子能参与活动，在人多的场合亮相，克服胆怯心理，从而变得更落落大方。

案例模板

小小主持人大赛活动策划方案

活动主题：小小主持人大赛。

活动时间：7月5日18：00—21：00（暑期晚上）。

活动地点：商场中庭。

活动流程：

（1）18:00—18:10：活动开场。

（2）18:15—20:45：小小主持人表演（每人10分钟，前后串场5分钟，共计10位小朋友参赛，参赛的先后顺序按照姓氏首字母排名）。

（3）20:45—21:00：现场颁奖。

活动预算：2万元（场地搭建＋活动奖品）。

活动分工：活动分工如表 9-2 所示。

表9-2 小小主持人大赛活动分工表

小小主持人大赛活动分工表		
工作大类	工作内容	截止时间
活动方案撰写	活动方案撰写和汇报，此类方案预算不多，只需要简单汇报即可。 （此方案需要说明小小主持人评选标准和活动参赛方式。）	活动开始前 1 个月
参赛选手招募	（1）商场和全市各小学合作招募选手。 （2）筛选报名选手。	活动开始前 1 个月
活动场地搭建	（1）活动场地搭建，即商场中庭场地搭建（舞台、音响、活动背景板、活动展架、小凳子、氛围物料布置，建议找第三方专业做场地搭建的公司执行，一个场地可用于 3～4 次活动）。 （2）销售场地搭建，建议在活动场地周围设置一块专门做销售的区域（如矿泉水、儿童用品等）。	7 月 4 日晚上入场搭建（场地搭建都是在停止营业后，不影响白天的商场营业）
活动准备	（1）获奖主持人礼品。 （2）参赛小主持人伴手礼（可用于宣传商场商家产品，以商家赞助礼品为主）。	7 月 4 日到位
活动执行	（1）现场活动流程把控和协调，及时解决突发事件。 （2）把控活动现场安全（安全是活动的重点）。 （3）活动现场照片拍摄，用于网络二次传播。	7 月 5 日晚 18:00—21:00
活动复盘	活动效果复盘（活动参与人数、商场客流提升情况）。	活动结束后 3 天内

方案撰写要点

此活动方案中最重要的是小小主持人的评选标准和活动如何与商场销售关联。商场聚集了人气，相当于电商平台的流量，如何做好流量的承接和销售转化，往往是线下活动的关键部分。要尽可能多地向来的观众展示商场的商品，给更多商品一个展示和销售的机会。

在执行阶段，最重要的是做好安全工作。比如如何引导观众有序落座，如何引导孩子按照秩序参赛，如何引导围观群众有序围观，这些都是需要提前做好规划的。没有发生事故时是看不到安全工作的重要性的，一旦发生事故，活动就会毁于一旦，连带着商场也会遭殃。

🥄 品牌加持：特斯拉集市展

案例概述

有一天我去商场，发现商场门口停了20几辆特斯拉，车尾朝外，前面都摆了摊，在卖各种小吃、手工饰品，商场还有氛围灯光、音响助力，暂且把它称为特斯拉集市展。在人流量大的商场门口或音乐节活动现场，都会有这样的集市展。摊主都是开工作室的，借助集市展来蓄客，通过集市让顾客加微信，后续通过微信朋友圈私域继续和顾客保持联系，从而达到拓展客流的目的。

案例解析

（1）特斯拉提升了整个活动的格调。很多商场策划类似的集市展时，会邀请工作室摊主来参加，商场会为这类摊主提供场地以及桌、椅，并收取摊位费。这次的集市展以特斯拉作为摊位，让整个活动更有格调，更年轻化，有一种特斯拉车主出来练摊的感觉。整个集市不仅是卖东西的地方，更是车主各自带着自己的手艺来线下交流的场合。20多辆特斯拉在商场门口摆摊位，场面不小。

（2）这类活动的可复制性、可持续性很强。活动可以在一个商场连续开展，也可以每周或者每月定期举办，还可以在不同的商场、客流高峰地举办类似的活动。

（3）一点点小创意就能让活动变得不那么普通。集市本来是普通的集市，这时候如果加入一些创意元素，比如引入特斯拉，就让集市变成了特斯拉集市展。当然还可以引入电影、动画片、当下热点等元素，这样会让整个集市活动更有创意，也更能吸引年轻人的关注。这就是让一个看似普通的活动变得有创意的方法。只要稍微改动一些元素，对于商场来说，就又是一个新的创意活动，顾客也会感觉到商场的活动很有创意。

案例模板

特斯拉集市展活动策划方案

活动主题：特斯拉集市展。

活动目的：为商场聚集人气，促进消费。

活动时间：7月4日。

活动玩法：邀请20位特斯拉车主参加特斯拉车主集市展。

报名要求：特斯拉车主在现场售卖小吃或者手工作品。

活动预算：5000元（灯光、音响等道具租借费用）。

活动分工：活动分工如表9-3所示。

表9-3 特斯拉集市展活动分工表

特斯拉集市展活动分工表		
工作大类	工作内容	截止时间
活动方案撰写	活动方案撰写和汇报。	活动开始前2周

特斯拉集市展活动分工表		
工作大类	工作内容	截止时间
活动准备	（1）邀请50位车主，最终确认20位车主可参加（要求车主在现场售卖小吃或者手工作品）。 （2）布置场地音响和灯光，烘托活动氛围。	活动开始前2周
活动传播	（1）商场自媒体平台宣传预热活动（提前一周，每天持续预热）。 （2）商场人流高峰处宣传预热活动。	活动开始前1周
活动执行	（1）安排20位车主有序入场，到指定位置就位。 （2）调试灯光、音响。 （3）把控活动现场安全。 （4）活动当天现场拍摄图片等，活动结束后在互联网上二次传播话题。	活动当天
活动复盘	（1）现场活动效果复盘。 （2）活动前、活动后媒体曝光数据统计与复盘。 （3）活动优劣总结，经验总结。	活动结束后1周

方案撰写要点

此活动的重点在于引入创意元素，比如决定用哪些元素来作为本次活动的主题，这些元素是否能够打动人，是否能够直击年轻人的内心（如到底用车的元素还是电影的元素）。创意确定后，还要获得元素的授权（如果是IP，就需要获得授权）。

本次活动邀请特斯拉的车主来参与，那么这部分也是此方案的重点，邀请谁？怎么邀请？拥有特斯拉又拥有工作室（或者手艺）的车主是否愿意出席本次活动？预定要有20辆特斯拉参加，那么邀请人数就需要达到50人左右（大概率会有50%及以上的人拒接参与本次活动）。

赚人气：新书签售会

案例概述

新品上市需要相应的资源做推广，以保证新品的曝光率，从而促进新品的销售。新书签售会是一种常见的新品推广活动，只是这个新品是一本书（文化产品）。

签售会的流程是怎么样的呢？

（1）新书签售会前期沟通。这包括活动场地联系（书店、商场等）、作者行程安排、图书库存调配、出版社宣传资源沟通。这些都是在看不见的地方做工作，主要考验的是活动策划人的沟通协调能力。

（2）现场场地搭建。中小型的签售会会在当地城市的书店、商场中庭举行，大型签售会则会在体育馆等场所举行。对于小型的新书签售会，需要做一个背景板，介绍作者和新书，前面摆放几个书桌，用于现场签售，旁边陈列作者的新书和其他类似书籍，营造活动氛围，做连带销售；对于大型的新书签售会，则根据书的主题布置现场，比如富士胶片总裁的新书签售会，在现场布置了很多相片展览和拍立得来烘托氛围。

（3）现场签售。一般安排 2 ～ 4 小时，在前期宣传时可以做好活动行程说明。比如前期是作者分享一些故事，以吸引更多的读者，分享完以后就是现场签售新书。

案例解析

　　新书签售会往往是作者、出版社和书店共同策划的一场活动，三方谁更想推广自己的书，谁就会在这场活动中投入更多的资源、精力和金钱。对于畅销书作家来说，一场签售会往往能为现场带来巨大的人流量，能为出版社带来销量，一般都是出版社求着作者做签售会，报销差旅费，甚至还要给出场费。对于新手作者来说，他更希望获得更多的资源来推广他的新书，有些作者甚至是自掏腰包付差旅费，在全国各个城市做签售会，为的是提升自己的知名度。

　　签售会对书店和出版社来说都不赚钱，纯粹是提供一个交个朋友的机会。假设一本书定价 60 元，利润率 20%，一本书赚 12 元，一个书店最多容纳 100 ～ 200 个读者，那么一场签售会也就赚个一两千元，还不够一个作者的差旅费。那么，出版社和书店为什么还经常举办签售会呢？因为签售会是一种活动形式，对于出版社来说可以提升新书的知名度，对于书店来说则可以提升线下门店的客流量，带动其他书籍的销售，或者扩大书店的知名度，从而产生持续的客流。签售会更多的是一种营销活动，而不是追求高投入产出比的销售活动。

案例模板

新书签售会活动策划方案

活动主题：新书签售会（一般可以从书的内容中选取主题）。

活动时间：10 月 1—7 日 13：00—17：00（活动时间建议选择节假日或者双休日，读者有时间参与，书店人流量大）。

活动城市和地点：

　　若行程安排过于密集，需要协调作者的时间，那么就适当取消其中一两场活动。

北京场 10 月 1 日，某书店。

武汉场 10 月 2 日，某书店。

成都场 10 月 3 日，某书店。

上海场 10 月 4 日，某商场中庭。

南京场 10 月 5 日，某书店。

杭州场 10 月 6 日，某咖啡馆。

深圳场 10 月 7 日，某书店。

现场签售活动流程安排：

（1）13:00—14:00：作者心路历程分享。

（2）14:00—14:30：现场提问。

（3）14:30—16:30：现场签售。

（4）16:30—17:00：合影，自由活动。

预计活动参与人数：每个城市 600 人，销售 300 本书。

活动预算：2 万元（差旅费和物料）。

活动分工：活动分工如表 9-4 所示。

表 9-4 新书签售会活动分工表

新书签售会活动分工表		
工作大类	工作内容	截止时间
活动方案撰写	活动方案撰写（确定签售的城市、地点、时间等）。	活动开始前 1 个月
活动协调	（1）联系活动方案涉及城市的签售地点，确认活动最终的场地和活动时间。 （2）确认作者行程，订好机票、酒店（如果由作者承担差旅费，建议和作者提前确认好）。	活动开始前 1 周

新书签售会活动分工表		
工作大类	工作内容	截止时间
活动准备	（1）书店准备签售书籍，预计每场300本，需和书店提前确认备货。 （2）背景板制作（书店根据出版社设计稿找广告公司制作）。 （3）签售书桌准备。	活动前1天所有物料到位
活动传播	（1）电商销售平台宣传。 （2）出版社自媒体平台宣传。 （3）活动场地自媒体平台宣传。 （4）作者个人自媒体平台宣传（现在很多出书的作者都是自媒体大V，要善于利用作者自身的号召力）。	活动开始前1周开始预热
活动执行	（1）根据活动流程现场安排签售。 （2）现场安保维护。	活动期间
活动复盘	（1）活动数据复盘（销售数据、客流）。 （2）活动效果复盘（读者的热情度、书店的配合度等）。 （3）活动优劣与经验总结。	活动结束后1周

方案撰写要点

新书签售会往往不会只有一场，而是在好几个重点城市连着做，实际上相当于在不同的城市不停地复制同一场活动。这就意味着此活动方案中比较重要的一个环节是协调场地和作者的时间，比如每个城市的场地什么时候要做签售，要有一个明确的协调安排，这样方便执行方去准备场地、书籍和宣传预热等。这就涉及航班会不会延误，作者的行程安排是否过于密集等。

粉丝的力量：明星线下见面会

案例概述

　　明星是自带粉丝流量的一个群体，商家往往会找和自己品牌的用户群体契合的明星作为品牌代言人，借助明星的知名度来提升品牌知名度。在和明星签订合作协议时，协议一般包括线上权益（如使用明星肖像进行宣传推广）、参加线下活动场次（参加品牌新品发布会、品牌新店开业粉丝见面会等）。品牌会通过策划明星线下见面会，借助明星的粉丝力量提升品牌影响力。

案例解析

　　（1）借助品牌大事件，结合明星参加线下活动，做整合营销方案。单独邀请一位明星的出场费是很高的，一般出场半天的费用都要达到几十万元。对于企业来说要尽可能地利用好在合作协议里签订的权益，如明星参加线下活动的机会。如果只是为了让明星和自己的用户见见面，活动是没有意义的。既然明星有号召力，肯定要人尽其才，要借助营销大事件（如新品上市，重要地标性旗舰店开业），如果活动本身就会投入大量的营销预算来做推广，再辅以明星参加线下活动的号召力，这样活动效果就能最大化。借助明星对粉丝的号召力和营销预算的投入，可以产生爆发式扩散的传播效果。

　　（2）营销宣传要打入明星粉丝团内部。对于非明星粉丝的人来说,某位明星的签名礼品是没有价值的,但粉丝却愿意溢价购买,正所谓甲之蜜糖,乙之砒霜,明星线下见面会这类活动,对于非明星粉丝来说不值得,但对明星粉丝来说则是千金难求。这就要求做明星活动时,传播推广一定要找准人群,打入明星的内部粉丝团,把信息散播给粉丝,这样明星线下见面会才可能有大的流量涌入,才能真正起到宣传推广的作用。

(3)借助明星做销售。大部分品牌会邀请明星去地标性旗舰店开业做见面会。这就是为什么我们经常能在这类店门口看到大量的人在排队,很有可能是他们喜欢的明星来线下参加活动了。既然已经策划了明星线下见面会,那就把明星的价值发挥到最大,通过线下见面会把好不容易聚集起来的粉丝流量转化成品牌的实际销售额。

案例模板

明星线下见面会活动策划方案

活动主题:某明星线下见面会。

活动目的:借助明星号召力,扩大某品牌旗舰店开业影响力。

活动时间:10 月 20 日 13:00—17:00。

活动流程:

(1)13:00—14:00:明星粉丝见面会(粉丝给明星送礼物并互动)。

(2)14:00—17:00:明星代言款新品限量发售(前 100 名顾客获赠明星亲笔签名海报)。

活动分工:活动分工如表 9-5 所示。

表9-5　明星线下见面会活动分工表

明星线下见面会活动分工表		
工作大类	工作内容	截止时间
活动方案撰写	活动方案撰写和汇报（因明星活动会一般和新品上市等重磅事件相结合，此方案往往是大型营销活动方案中的一个环节，需要把方案整体融入大方案中，让大方案项目负责人统一做汇报和执行）。	活动开始前1个月
明星沟通	（1）明星参加活动形式确认。 （2）明星行程时间确认。 （3）明星随行工作人员食宿安排。 （明星沟通对接是个较为复杂的工作，任何和明星相关的素材都需要获得明星的经纪公司的授权，如张贴海报需要进行审核。）	活动开始前1个月（明星行程安排往往较满，建议尽量提早安排明星对接工作）
商场场地安排	（1）商场场地确认。 （2）商场场地搭建布置。 （3）现场场地安保工作（涉及明星，客流量会较大，安保是个较为重要的工作）。	活动开始前2周
活动传播	（1）活动前在粉丝内部传播，引导粉丝去线下门店。 （2）活动结束后，在网上二次传播（活动结束后1天内）。 （3）传播资源采买。	活动开始前2周
活动执行	（1）明星到店行程安排，沿路要有安保措施。 （2）现场商品销售。 （3）维持粉丝秩序。	活动期间
活动复盘	（1）活动数据复盘（实际门店销售额、门店客流量）。 （2）线上传播曝光量统计（活动前和活动结束后的曝光量统计）。 （3）活动优缺点与经验总结。	活动结束后1周

方案撰写要点

此活动方案是比较复杂的，方案中的难点也很多。第一个难点是在方案策划阶段，一般这种涉及明星的活动都和公司内部大型营销活动做强绑定，那么这类活动往往只是其中一个环节，整体的活动方案和节奏需要迎合大营销活动方案。第二个难点是打入明星的内部粉丝团做传播，广撒网式投放是比较简单的，要挑选明星的粉丝群体进行广告投放，就需要仔细筛选和甄别，广告内容也要谨慎投放（有些粉丝比较反感品牌利用明星做营销）。第三个难点在执行阶段，安保工作是重中之重，尤其是有流量的明星，到场后容易引起骚动，一旦现场秩序失控，发生安全事故，就不是小事了。

第 10 章

活动策划经验总结

通过前面 9 章对活动策划的简介和案例解析，相信你对做活动已经有了基础认知。本章是经验总结，通过这些经验可以让做活动策划的你少走一些弯路。本章内容包括活动策划的 10 大要素、10 条经验、10 个创意灵感来源、10 个常见问题。

🍃 活动策划 10 大要素

一套活动策划方案不一定要包含以下 10 大要素，但是照着以下 10 大要素写活动策划案，就会比较全面。

1. 活动背景

需要说明发起这个活动的原因。比如，从节假日的角度出发，就是做节假日活动策划，需要营造氛围；从竞争对手的角度考虑，就是竞品活动效果较好，获得了某项成绩，建议跟进；也可以是出于品牌自身需要，提升影响力，增加新用户。总之，需要让别人知道你为什么要做这项活动。

2. 活动主题

确定整个活动的基调，也可用于活动传播，最好是能让用户记住，念起来朗朗上口。

3. 活动目的

本次活动要达到什么样的效果，是用户拉新、活跃用户、留存用户、用户转化，还是提升品牌影响力。

4. 活动目标

有了目的，就会有目标，目的是抽象的，那么目标就是具体的，比如新增多少用户，活跃率提升多少。

5. 活动预算

既然有了目标，就会有预算，比如要花多少钱去达成本次活动的目标，这些预算要怎么分配到每个环节。

6. 活动玩法

这个活动要怎么玩，最简单的如转发抽奖，复杂的如叠猫猫组战队之类（一般需要制定出一个活动规则，规则最好经过公司法务审核）。

7. 活动利益点

参加这个活动对用户有什么好处，如有奖品，购物有优惠，有优惠券等。

8. 活动传播

活动上线以后，用哪些渠道尽可能多地传播本次活动，哪些是付费采购渠道，哪些是免费渠道，哪些是内部资源，都需要做好盘点，一一执行。

9. 活动物料

活动礼品是哪些，活动布置是哪些，活动伴手礼是哪些，等等。活动中涉及的物料非常多，建议用一张活动物料管理表进行管理。

10. 活动执行表

具体的活动任务分工，每个人的责任和工作截止时间分别是什么。

活动策划 10 条经验

1. 现金红包优于其他礼品

在活动礼品的选择上，建议第一优选是现金红包，现金红包相比其他礼品有以下优势。

（1）活动效果好。现金红包礼品的获客成本更低，较低金额的现金红包即可触动用户。对于用户来说，你采购的100元的礼品还不如一个价值80元的红包。红包对所有人都有效，礼品只对对这个礼品感兴趣的用户有效。

（2）发放简单。现在发现金红包的工具有着非常完善的功能，发放简单，到账迅速，没有等待期，没有额外的物流成本，更不需要内部做管理礼品、礼品核销的工作。

（3）活动规则简单。发放现金红包只是简单地进行分钱，不需要去想用户怎么领取红包，怎么去刺激用户，怎么样设置活动规则才不会有Bug。

2. 礼品不同，活动效果也不同

礼品是活动策划的一个很重要的部分，但是大部分人都有一个惯性思维，就是库存里有什么就送什么，什么不好卖就送什么，送出去的都是滞销品。滞销品白送当然有人要，但是滞销品作为礼品往往会让活动效果大打折扣。如果用爆品作为礼品，可能有1万人参与活动；用滞销品做礼品，可能就只有1000人参与活动了。

以下3种礼品是好礼品。

（1）销售爆品。产品能成为销售爆品，是因为用户都认可这是一个好产品，意味着这款产品真正切合了用户的需求，产品滞销意味着顾客不需要这款产品。礼品也是一样的道理。

（2）有热点的礼品。这类礼品往往自带热度和流量，在活动中能起到提升热度的作用。典型的就是星巴克的猫爪杯、被疯狂抢购的优衣库联名款服饰、52度飞天茅台、部分稀缺型号的手机，这些产品都是因为稀缺，导致有很多人疯抢，如果能作为礼品，对用户是很有吸引力的。典型的例子是电商平台利用平价茅台引导用户开通付费会员。

（3）个性化礼品。有一部分平台的用户是很特殊的，比如某些明星的粉丝，针对这类人就要用个性化的礼品去激发他们的热情。

3. 好活动可以一直沿用

本书案例中的支付宝"集五福"活动、微信春晚"摇一摇"抢红包活动、肯德基"疯狂星期四"活动等活动每年都在做。大部分活动策划人有一个误区，就是认为重复做一个活动就是没有创意，尤其是在和领导汇报时，重复做某个活动会被领导认为活动策划团队太敷衍，没有自己的想法。

好活动是可以一直沿用的，把活动做成品牌，一个被用户接受的活动就是品牌的资产。通过不断重复做活动来加深用户对这个活动的印象。之前参加过一次活动，再参加第二次活动时，用户的参与门槛会大大降低（不需要再学习活动的规则了）。

一直做一个活动不代表活动一成不变，要在活动中不断加入新的元素，优化迭代。

4.100 个烂活动不如 1 个好活动

100 个烂活动不如 1 个好活动，但是大部分活动策划人都陷入了做 100 个烂活动的忙碌和困境中。这是因为许多人认为自己策划活动时投入的时间不值钱，公司给的资源位不值钱。尤其是活动策划新人经验不足，不知道如何花钱，如何投入，如何引爆活动，在做活动策划时谨小慎微，不敢大手笔投入活动礼品和活动资源。

很多人做大量的无效的活动，一个原因是为了做给不懂行的领导看。很多领导其实并不懂活动策划的本质，在他们看来，活动要多，要频繁，这样看起来工作量才是饱和的。所以很多人为了应付领导，一年做了几百个活动，至于效果，因为很难评估，所以可以浑水摸鱼，至少先把工作量堆积上去。

另一个原因是没有做决策的魄力和胆量。大部分人一直在做小活动，一次性让他们投入 1000 万元预算去推广活动，他们根本没有这个胆量承接工作，也不知道这 1000 万元应该怎么花才能得到预期的效果，归根结底是因为欠缺经验。其实公司根本不怕花钱，就怕钱花得不明不白。

100 个无效活动不如一个好活动，但是，如果你目前的能力还达不到策划一个好活动的程度，那么建议你先做 100 个活动，积累活动策划的经验。

5. 蚂蚁计划优于大象计划

策划一个大型活动是很困难的，要调动内部资源，要层层汇报审批，要开发各种软件，一年也就只能做一两场大型活动，但是小活动却很容易策划。通过不停地策划小活动，可以实现用户增长、销售增长的目标。（提示：小活动不代表着就是烂活动，大活动不代表着就是好活动。）

6. 点击率优化是提升活动效果的有效手段

一个活动上线后，效果不够理想，这时候不管是活动礼品还是玩法，甚至是支撑活动的后台程序基本上都已经定型了，这些地方改动起来需要大动干戈，往往就是另起一个活动了。只有优化页面是效率最高的办法，只需要调整几个文案，调整一下背景色，活动点击率就可以提升 30% ～ 50%。那么活动页面优化可以参照哪些原则呢？

（1）活动页面要简洁明了，让用户第一眼看到关键信息。

（2）活动利益点要突出，让用户快速找到对自己有利的点。

（3）活动规则清楚。

（4）号召行动，要告诉用户应该干什么，比如点击、立即参与或购买。

7. 分析不严谨，容易被错误的结论误导

在活动前期进行数据分析和后期复盘进行数据分析时，往往会因为数据分析不严谨而得出经不起推敲的结论，给了活动一些错误的引导。常见问题如下：

（1）数据样本量小，提升和下降的数据都不具有参考价值，有很大的偶然性；

（2）没有考虑外界因素，如平台整体的活动流量等；

（3）主观选取对自己有利的数据，做选择性汇报；

（4）不深入挖掘信息，没有有效对照数据，分析浮于表面。

8. 做活动要有打样思维

有时候光凭一张嘴，是很难让别人认可你的想法和创意的，而且如果活动投入预算过多，活动摊子铺得很大，领导大概率是不愿意冒险的。这时候就要有打样思维，先小范围验证一下想法，做一个样板出来（类似房地产的样板房），让大家看到这个活动背后的思维逻辑是正确的，能够带来正向价值，这样就不需要苦口婆心地去劝说别人，自然就能快速执行项目了。

9. 得到周边团队的支持

不要以为闷声干活就能出成绩，好的项目都是需要很多团队配合完成的，但是每个团队都没有必要来完成你的项目，这时候你靠的是个人的影响力和品牌效应。如果大家都认为你是一个靠谱的人，而且你做的项目都不错，那么你提出的项目大家都愿意和你合作，最终实现双赢。如果你总是给人一种不靠谱的印象，那么你大概率得不到周边团队的支持，你推进一个项目就会举步维艰。

10. 利用好领导

不要以为领导不懂业务，不懂活动，只是一个签字的角色。实际上领导是资源集散地，是沟通协调的关键角色。对上级，他可以为你的活动争取更多的预算和人力支持；对周边部门，他可以为你这个活动争取配合和支持。不然你的 IT 开发永远在等排期，你的经费永远都在等审批。遇到困难时及时向领导求助，可以让自己的项目做得更好。

活动策划 10 个创意灵感来源

当有些活动策划创意呈现在我们眼前时，我们会不由得发出感慨："这个创意真棒，我怎么没有想到呢？"我们想来想去只能想到一些老掉牙的方案，每次都被老板批评毫无创意。作为一个活动策划人，怎么样才能做到才思如泉涌，多做出几个让老板和用户觉得眼前一亮的创意策划方案呢？作为活动策划人，不妨试试从以下 10 个创意灵感来源寻求实破。

1. 针对热点事件找好切入角度

热点事件具有话题性，天然带有流量，经常出现在各大自媒体平台的热搜榜，是很好的活动策划切入点。热点事件具有时效性，留给大部分公司的反应时间并不多，活动策划难度小，往往不会有特别复杂的玩法，重在速度快。一个热点事件有很多个不同的角度可以切入。只要角度找得好，往往就能做得出彩，给人意想不到的惊喜，甚至能够通过热点事件带动自己品牌的话题，达到事半功倍的效果。

2. 在公司内部文化中寻找创意

每个公司都有属于自己的文化，活动策划人要善于挖掘自己公司的内部文化去策划活动。大部分活动策划人一般能够想到的和公司相关联的活动策划方案都是新品发布、周年庆等，这些当然是公司很重要的活动节点，活动策划人要提前做好准备工作。除了常规的活动外，有一些有趣好玩的时间节点也可以拿出来做活动策划，让人觉得这个品牌真会玩，比如零食品牌就把"517"策划成自己的吃货节（"517"谐音"我要吃"）

3. 案例积累，移花接木

对于活动策划人来说，积累案例是一个必不可少的工作，可以根据公司、节假日、活动形式等对已经上线的活动策划方案进行归类，方便日后自己做策划时参考。常见的网站如数英网、梅花网都会对这类案例进行整理。

做策划时，我们可以将若干个案例中的玩法各取其一，结合自己公司的品牌和产品进行策划，这时候往往就能得出一个新奇独特的创意。这不是照搬全抄，而是学习对方策划活动的思路，取其精华，去其糟粕。

4. 家喻户晓的典故

中国历史上有很多经典的典故，比如草船借箭、朝三暮四、嫦娥奔月、后羿射日……很多典故既有意义，又有画面感，而且是家喻户晓的故事，拿来做活动策划的创意再好不过。这种策划的成本低，活动策划一出来，用户就能通过典故理解创意。这些典故往往都是有画面感的，做策划、做图片素材的时候又很容易表达清楚。

5. 创意改编电视剧

本书案例中提到过佰草集策划的"佰草集延禧正传"直播间创意活动（见本书第 7 章"互动升级：直播间上演宫斗戏码"小节）。大部分直播间都还在做抽奖、买赠活动时，佰草集策划了一个在直播间上演宫斗戏码的直播创意活动。《延禧攻略》开播时非常火爆，佰草集又是国货护肤品品牌，产品很适合植入宫廷剧中。在佰草集的直播间，主播穿着娘娘的衣服和助播嬷嬷进行宫斗互动，引来了一批人的围观。

经典的电视剧、电影题材有很多，只要能够找准和自己品牌产品契合的点，往往就会有意想不到的爆点。不过大部分影视剧都是有版权的，上演类似剧情之前记得和版权所有方咨询。

6. 经典活动案例再创造

营销策划上有很多经典活动案例，历经几十年而不衰，还经常被提起，这类活动案例经得起时间的检验，当初的活动策划人往往洞察了最基本的人性。我们可以把这类活动案例进行改造再策划，有时候也能够产生意想不到的创意点。

7. 无中生有

"双 11"是典型的无中生有策划出来的活动，谁都没能想到"光棍节"会成为全球最大的购物狂欢节。如果要"无中生有"地策划活动，其实难度和阻力都比较大，因为没有流量资源，没有话题点，得不到公司和客户的支持，就意味着需要较大的教育成本（教育用户、教育客户、教育老板）。当然无中生有的好处则是能够出其不意，在一个别人想不到的地方冒出一个创意，竞争对手少，活动不会被淹没在各大活动中而成为陪跑。这需要活动策划人有极强的活动操盘能力、资源整合能力、个人影响力，才会有类似"双11"的案例出现。

8. 联合营销

联合营销的好处是，用户永远想不到，这个品牌竟然可以和那个品牌相结合，这两个品牌竟然可以这么玩。就像你会因为身边的某两个人在一起而惊讶："他们竟然可以谈恋爱！"品牌两两组合的可能性实在太多，只要联合找得好，就会有话题点和爆点。

这类创意玩法很忌讳为了创意而创意，给人以不好的联想，不仅活动策划的目的没达到，还拖累了品牌的形象。比如喜茶和杜蕾斯有过一次合作，网友就不太愿意为这种联合营销埋单。

9. 节假日活动反向策划

节假日常规活动是活动策划人的常规工作之一，每到节假日，各种活动层出不穷，让人眼花缭乱。大部分品牌活动只能被淹没在这些眼花缭乱的活动中，不为人知。那么节假日活动的反向策划就是一个很好的切入点，比如为单身的人策划情人节活动，为大人策划儿童节活动。当然现在越来越多的品牌都在从这个切入点做活动。

10. 娱乐综艺经典活动复制

撕名牌活动曾经火爆一时，后来有大量的商场在线下复制了撕名牌活动。同时，还有萝卜蹲、你猜我画等。用户对娱乐综艺活动怎么玩已经有所认知，而且本来只是看电视上的明星们在玩，自己想要玩却没机会，这时候在线下策划一些类似的活动，必然能吸引大量用户参与。

活动策划 10 个常见问题

　　在活动执行的过程中难免会遇到各种各样的问题，问题可大可小，有些问题可以迅速解决，不影响整个活动效果，有些问题解决起来则很棘手，轻则影响整个活动效果，把好好的一个活动办砸了，重则往往会引发官司，付出惨痛代价。本章总结了活动策划的 10 个常见问题，做活动前对这些问题做到了然于胸，可以提前规避很多问题，让一个活动能够完美收官。

　　1. 版权问题

　　很多公司都有专业的团队来维护公司的版权。打击侵权是这些公司重要的收入来源，大公司更是这些团队重点关注的对象，因为大公司需要维护声誉，也有钱赔偿。不管是在大公司还是小公司，对版权问题都不要掉以轻心，在活动策划中哪些问题会涉及侵权呢？

　　（1）视觉物料的字体和设计素材。一定要确保这些素材是有商业化用途授权的。尤其是设计师在设计时，要仔细研究这些素材和字体是否有商业化授权，不能只是觉得好看就用了，或者抱有侥幸心理，认为素材经过自己改动不会被发现。

　　（2）素材的抄袭问题。奥迪请广告公司拍摄了一支"小满"视频，视频中的文案全部抄袭一个大 V 的"小满"视频文案，事情被原大 V 发现并公布后，奥迪遭受全网抨击，品牌形象受损，此次拍摄视频的乙方估计会被各大品牌公司列入黑名单。

（3）明星肖像权问题。明星素材的使用是需要经过授权的，授权往往是有时间限制和范围限制的。有些明星素材的授权已经过期，却还在被继续使用；有些素材仅仅授权公司店铺使用，却被公司活动使用了，这些行为都是有侵权问题的。使用明星肖像时最好和其经纪人团队进行及时沟通。

（4）奖品侵权问题。侵权是最容易被忽视的问题，买某品牌的奖品用于活动宣传却未经品牌授权，宣传时涉及品牌名称或者商标，这就涉及侵权。还有明星的演唱会门票等，只要用了明星的肖像或者名字就涉及侵权。

2. 物料问题

物料的版权问题已经在前面进行了阐述，这里主要讲一讲物料可能涉及的其他问题。

（1）印刷错误。印刷是比较常见的问题，典型的就是重要信息印刷错误，比如活动时间、活动地点、嘉宾名字等，这基本上都要重印，考虑到成本和时间问题，有些是仅对错误信息进行修改，虽然不那么完美，但也是一种解决方案，能让活动顺利开展。

（2）尺寸错误。印刷物料尺寸错误，购买东西尺寸错误（类似买家具时买错尺寸），这些都会耽误活动进度，付出真金白银的代价。

（3）物料问题涉及物流运输。如果不给物流预留一定的时间，就会出现不可预见、不可抗拒的因素，导致活动开始时物料未到位，影响活动效果。比如恶劣天气导致物流无法运输等。

（4）物料不齐全。东西多的情况下容易丢三落四，有些物料不齐不会影响活动，有些则是至关重要的物料，影响活动进展和效果。

3. 嘉宾问题

嘉宾也是活动中不容忽视的问题，尤其是嘉宾邀请是本场活动的重点，因此要提前做好准备。

（1）嘉宾临时爽约。嘉宾会因为很多问题临时爽约，比如身体不适，竞争对手出了更高的价格。有些爽约虽然是可以接受的，但是用户却不会听你的解释。所以要对嘉宾临时爽约问题做好预案，比如签订违约金，或有候选嘉宾，嘉宾不能到位时可以让候选嘉宾补位。

（2）嘉宾信息和座次错误。这些问题是可大可小的，写对嘉宾个人信息是对嘉宾本人的尊重，要看嘉宾本人是否在意这些问题。

4. 场地问题

线下活动会涉及场地问题，主要有以下 3 方面的问题。

（1）天气问题。下雨天对户外活动的举办具有较大的影响，一般策划线下活动时都会根据天气情况准备两个场地。如天气好，就在户外露天场地举行，遇到阴雨天气则会选择在室内举行（一开始不选择室内，肯定是因为室内有一定的局限性，不是第一选择）。有些活动不得不在某一天露天举行，活动主办方则需要根据天气情况提前准备。比如下雨天，就准备一次性雨衣，甚至在部分地方搭顶篷；炎热的天气，则准备风扇、降温食物等。如果天气过于炎热，导致活动参与者中暑等问题，也会引起不小的麻烦。

（2）空间问题。场地的选择还有一个比较棘手的问题。场地选得太大，可活动参与人数过少，一则显得空旷，活动不受欢迎，二则浪费场地的预算；场地选得太小，活动过于火爆导致拥挤，也会引发安全问题。

（3）安全问题。因为活动过于火爆，导致现场拥挤，或者现场治安维护差，秩序过于混乱都会导致安全问题。现场秩序混乱，极容易发生踩踏事件，会付出血的代价。

5.IT问题

IT程序可以节省时间，提高工作效率，却也可以成倍放大错误，扩大损失，可谓是成也IT，败也IT。

（1）服务器宕机。相信很多人在参加大促活动时都遇到过服务器过于拥挤，进不去活动页面的问题。不同的服务器可以容纳的用户是不同的，不同的服务器容量会对应不同的价格。有时候活动主办方过于乐观，高估了活动参与人数，那么买的服务器资源就会被浪费。有时候活动主办方低估了活动参与人数，服务器超负荷运行，就会出现服务器宕机问题，从而引发一系列活动差评，用户体验极差，甚至有些用户会认为主办方是故意的，活动虽好，却只是用来欺骗用户。

（2）因程序Bug被薅羊毛。互联网上往往有很多羊毛可以薅，除去那些故意吸引用户的。有些羊毛并非出于主办方主观意愿，而是因为程序Bug而产生，这类羊毛的扩散速度远超想象，一旦被扩散，损失不可估量。比如有些优惠券本来是有使用门槛，实际却可以无门槛下单（这就类似于现金了）。

举个例子，拼多多因过期优惠券被黑灰产团伙用于不正当谋利，损失千万元。后续拼多多及时修复了Bug，并且报了案。

6. 活动运营（规则）问题

活动运营有很多细节问题，一旦出错，极容易被用户投诉，产生不良舆情，影响品牌形象，如果在第三方平台开店还容易被处罚，当然也会产生真金白银的损失。

（1）活动规则不清晰。活动规则看似简单，实则不同的人有不同的理解，一旦发生歧义就容易产生纠纷。活动规则发布前，最好让公司法务部门进行把控，内部同事进行二次审核，确保没有漏洞可钻。比如要写清楚中奖概率，写明奖品数量和价值、中奖名额等。

（2）运营操作失误。在运营操作时，如果设置错了中奖概率和礼品库存，就会导致礼品超发。如果活动价格设置错误，会导致大量低价订单产生，造成损失。例如，元气森林促销时，因价格设置错误，导致原价 79 元的气泡水变成每箱只要 3.5 元即可购得，当时产生了 14.05 万个订单，商品价值达到 4000 万元。当然元气森林并没有履行这些订单，但是却也实实在在地为这 14.05 万个用户各寄送了一箱白桃气泡水作为赔偿，这也是一笔不小的损失。

7. 活动触犯敏感问题

一旦活动涉及敏感内容，轻则被封号，重则品牌形象受损。在活动过程中，一定要对活动内容进行监控，比如要对 UGC 进行审核。如果有 IT 程序，要设置 IT 程序自动屏蔽敏感内容，从而把控整个活动。

8. 费用问题

凡是涉及钱的问题是极度敏感和容易出问题的地方，所以对这个问题要格外重视。

（1）被骗。骗子无处不在，腾讯作为一个超级大公司，内部的审核流程肯定极其规范，谁能想到他们竟然被假冒老干妈市场部经理的人给骗了（见本书第 4 章"顺势而为：老干妈上架 1000 瓶辣椒酱回应腾讯"小节）。所以，即使你自认为很聪明，对于钱款往来的事情，也要小心谨慎，多方求证，多留个心眼。

（2）流程不规范，被内部审计检查。在大公司这个问题尤其严重，没有按照正常的审批流程付款，审计就有可能认为背后有猫腻，即使你没有收受任何好处，审计给你一个做事不规范的评价也是完全没问题的。

（3）被钻空子。有时候管理审批不严格，自己没有犯错，但是不能保证别人（经手的人、供应商等）在经济问题上不犯错。

9. 人员问题

成也萧何，败也萧何，人往往是整个活动中最关键的因素，能把活动做成，靠的是整个团队，但会坏事情的也是人。因为人有主观能动性，往往很多事情都不可控。人员可能出现哪些问题？

（1）临时有事缺席。不管是因为生病，还是被撬墙脚，或者是做事粗心，临时有事缺席的事情在活动策划中是比较常见的，比如主持人临时有事来不了，邀请的某位嘉宾因航班延误不能出席，或者是负责重要环节的同事生病请假了。不管是什么原因造成的，只要有人缺位，就会让活动执行遇到困难。

（2）信息传递阻塞。有些事情是很重要的，但是有人就是自作主张，认为此事不重要，在自己这里闭环，然后导致整个项目出问题，类似的事情经常在活动策划中发生。

10. 恶意竞争

恶意竞争有各种各样的形式，比如网络暴力，恶意刷差评，有人恶意扰乱活动现场，水军搞破坏，滋事挑衅……一开始你以为对方是真实用户，后来查到是对方刻意搞破坏，这时候你会六神无主，然后陷入解决问题的恶性循环，对方的目的也就达到了。